安徽省高校人文社会科学重大项目
"体育语言及其社会功能研究"（编号：SK2020ZD60）

体育语言

及其

社会功能研究

邓传芳　张训 ◎ 著

上海三联书店

目　录

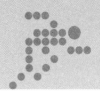

导论

一、本选题要解决的几个基本问题

人类语言的形成得益于劳动。劳动促成人类肢体不断进化,同时人们在劳动中出于不断沟通和交流的需要,产生了语言,所以说语言是社会的产物,随着社会的发展,人类语言的体系性逐步丰盈与完善,并演变为一种系统。"一个系统要形成自组织有序结构,前提条件是系统要保持足够强的开放程度,在这种情况下,利用系统与外部环境的物质、能量、信息交流获得的负熵来消除自身产生的自然熵。"①从系统论视角来看,人类语言作为一种静态和封闭系统,具有自洽性,并能够满足群体内部交流需要。同时,它又是一种动态和开放的系统,既能够承担系统内部不同群体之间的对话与交流,还要不断地与外部其他系统进行对话、交流,在内部不断自我完善,并从外部获得有益的信息来充盈自身。正如学者所言:"(人们)要注重从动态视角来研究语言现象,包括语言系统发生视角的进化研究、本体发生视角的个体语言发展研究以及语篇发生视角的个体化研究。"②因此,随着人类与自然等外部环境交往的频繁,人类语言呈现出

---

① 高轩:《欠发达区域政府间自组织合作的必要性与策略探析——以沿淮城市群为例》,《齐齐哈尔大学学报(哲学社会科学版)》2018 年第 8 期,第 63—66 页。

② 赖良涛:《教育语言学——一个社会符号的模式》,外语教学与研究出版社 2015 年版,第 33 页。

群体性、独特性、多样化和层次性等复杂特征。

　　劳动创造语言,语言又反过来推进劳动水准,提升人类生活品质,促进人类社会健康发展,可以说语言与劳动息息相关。正如有人认为:"劳动正是使原始的人能够具备足够的声音材料和意义要素的决定因素。"①马克思做出过劳动创造了语言,也创造了人类本身的科学论断。而在另外一个方面,体育起源于劳动,毋宁说,在强身健体和肢体行为上,劳动就是体育,至少早期的劳动形式是体育的起源。由此劳动(体育)和语言相结合诞生了最早的体育语言形式,而体育语言亦连接了劳动和语言,成为沟通此二者的桥梁。于是在漫长的人类历史中,考察体育语言既具有历史渊薮,更有现实依据。

　　考察体育语言有了历史根据和现实基础之后,还要进一步论证命题的价值及意义。为此还需要在探视人类语言的总体特性基础之上才能完全展开。相较于其他物种的"语言"包括人类早期语言,现代人类语言有其特有的性质和特征。因此对语言系统和体系的特征扫描和分析成为本文一个前提问题。其后作为语言系统的分支,体育领域的语言分支一方面具有语言的总体特性,但必然具有其独特性一面。而且随着人们交往空间的拓展,体育已经不可避免地参与到社会生活的方方面面中,从而出现了政治与体育、经济与体育、文化与体育、法律与体育等交叉地带。随着现代体育活动分类越来越细密,又生成不同的体育领域和体育项目。由此,体育的分化又催生出更为琐细的体育语言分支。因此,相较于语言系统的整体性,体育语言的特殊性以及其嫁接在各种领域的体育语言的特色也成为重要的考察命题。

　　具体而言,本书将重点考察以下几个问题:

　　一是体育语言的特性。"语言的基础在于思维。人的思维是在劳动中产生的。"②语言发端于思维,可以说,没有思维也就没有语言。当然,

---

① 新疆维吾尔自治区民族语言文字工作委员会:《民族语言文字工作文件资料选编(一)》,1988年版,第430页。
② 新疆维吾尔自治区民族语言文字工作委员会:《民族语言文字工作文件资料选编(一)》,1988年版,第430页。

语言是思维的载体,没有语言,思维也难以展现。所以总体上语言与思维相一致,产生所谓的语言思维。当然也不排除语言有时和思维不相匹配。"语言思维是人类以语言为工具,进行思维的一种心理现象。"①据此,大体可以认为,语言具有思维的一般特性,即"语言的特性有:创造性、结构性、意义性、指代性、社会性与个体性"②。此处分析范式是在论述语言总体系统的特性时顺及牵涉到体育语言的特性问题。

在本书的逻辑中,语言特性是一个前提性问题,也是一个工具性问题,或者说它是体育语言及其社会功能问题分析的工具与前提。不同的领域、不同的时代、不同的地域、不同的国家、不同的民族、不同的空间、不同的载体、不同的使用方式,会产生和运用不同的语言分支系统。不同的语言具有不同的特性,诸如现代社会存在哲学语言、文学语言、戏剧语言、音乐语言、美术语言、经济语言、政治语言、法律语言、道德语言、国家语言、民族语言、大众语言、媒体语言、网络语言、视听语言、有声语言、无声语言等等语言分支系统。而这些语言分支系统又可以进一步分化,例如法律语言可以分为立法语言、司法语言、执法语言、诉讼语言、审判语言、侦查语言、询问语言、审问语言、普法语言等等更为细小的语言系统。

诸多的语言分支系统必然存在不同的个性、具有不同的色调。但无论如何,这些语言分支系统首先要具备语言的总体特性,也就是说他们即便是因为生存于不同领域而独树一帜,但也需要遵循总体的语言规范,在语言的总体框架内演绎。甚至可以说,既然这些语言分支都属于语言系统共性,因而想决然区分开来应该是不可能的事。正如有人揶揄法国杰出诗人瓦雷里将文学语言与非文学语言的区别认作是"跳舞"和"走路"的区别一样简单。但事实上区别倒是明显了,却未免带点唯美主义的虚幻色彩。③

---

① 叶诗雨:《从汉语与英语的语言特性角度管窥跨文化交际中的中西思维差异》,《文教资料》2018 年第 5 期,第 29 页。
② 姜枫、姜忠喆:《语言项目活动组织策划》,吉林出版集团有限责任公司 2012 年版,第 5 页。
③ 鲁枢元:《创作心理研究》,河南文艺出版社 2015 年版,第 149 页。

在这一点上，同其他诸多语言分支系统一样，体育语言也不例外。它首先具备语言的总体特性，遵循语言的总体逻辑结构，然后才在语言的范式舞台内演绎出独特的"舞姿"。

二是体育语言的提出以及界定。体育语言分支从语言总系统中分离，与其他分支语言系统分野，从而具有独立的品格，成为可资研究的一个独立命题，这还是一个基础性问题。

一如曼德拉所言，"体育，拥有改变世界的力量"。在现代社会，体育越来越具有活力、越来越具有魅力、越来越丰富多彩。社会体育意味着健康、向上，竞技体育意味着实力、财富，学校体育意味着训练、传承。多样的体育生活给参与其中的人们制造了精神愉悦，而卓越的体育成绩则给运动员个体乃至民族与国家带来无上荣光。事实上纵观人类历史，体育的魅力和影响力绝不止于此。体育的兴衰史往往就是一个国家国力盛衰的晴雨表。即便在和平年代，一场普通的足球友谊赛在不经意间都可能上升为一场民族战争。为国争光的体育明星也常被视为民族英雄。所以，人们无时无刻不在关注体育，也无时无刻不在参与体育。世界各国纷纷加大对体育事业的投入力度，争相申办奥林匹克运动会等大型国际赛事并积极组织代表团参赛。诸多的体育活动以及交流使得体育语言分支体系逐渐形成并越来越成熟与独立。体育语言理论命题呼之欲出，而体育语言的提出及界定则是这一命题的基础性问题。

那么，什么是体育语言？体育语言是体育领域或者体育活动中使用的有别于其他语言分支系统的专门的语言体系。这只是一种简单而且笼统的概括。搞清楚体育语言，还需要分别从内涵和外延进一步进行界定。具体需要厘清体育语言与体育言语、体育语言与体育话语、体育语言与体育词汇等几组概念之间的关系。因为体育领域越来越多地涉入其他事项与活动，反过来，体育活动亦需要嫁接或者借助于其他事项与领域，①由

---

① 事实上，关于体育活动与其他事项的结合，人们已经给予了广泛和深入的研究，并逐步形成了体育管理学、体育经济学、体育政治学、体育文化学、体育伦理学、体育心理学、体育社会学、体育人类学、体育法学、体育哲学、体育公共关系学、体育文艺学、体育美学、体育民俗学等新兴的学科分支。近年来，就此方面的成果形式多样，内容颇丰，其中分别以"体育哲学"、（转下页）

此产生了体育语言与其他语言之间的交叉与包容,也因此增添了体育语言分支的外延和内涵,并产生新的与体育语言有关的语言分支系统。譬如体育哲学语言、体育美学语言、体育政治语言、体育法律语言、体育经济语言、体育文化语言、体育伦理语言等。这些新的语言分支系统因为和体育活动之间紧密关联,对于剖析体育语言命题有着重要的作用,或者说他们本来就是体育语言的一部分,理应成为本书的分析重点。

此外,为了准确厘定体育语言,还需要从语言学角度对其进行分析。一方面,体育语言的语言学分析需要建立在详实的语料基础之上。好在,体育活动的发展为此积累了足够的语料资源。另外,虽然对体育语言进行语言学分析少不了借鉴传统的理论语言学的分析框架,即通过建立宏大的理论叙事并采用语法、语用、语义、语体等精细分析模式,但是体育语言毕竟是作为一种社会语言,因而需要更多借鉴社会语言学的研究范式来分析问题。社会语言学研究范式与理论语言学明显不同的是,它不属于以理论构建见长的"硬科学"(a real or hard science)之列,而是属于以推广应用为己任的"软科学"(the soft underbelly of linguistics),带有明显的人类学、社会学、民主学的研究特征,以及跨学科特色。① 更为重要的是,对体育语言学进行语言学分析的旨趣在于透视其语言学功能,因而更深入的工作是要收集相关语料并进行实证分析。故此,社会语言学研究范式将成为本书采用的重要方式。

三是体育语言的社会功能问题。上文提及体育语言的语言学功能,那只是其功能体系的一部分,而挖掘并阐释体育语言的社会功能将是解构与建构体育语言体系的核心问题,所以需要进行更为细致的解析。

(接上页)"体育伦理学"、"体育美学"、"体育经济学"、"体育管理学"、"体育文化学"、"体育社会学"、"体育人类学"、"体育法学"、"体育心理学"命名的专著就各有数十种之多。此处仅以出版的著述列举一些作为例证。具有代表性的为,刘湘溶教授、李培超教授主编的《体育伦理学研究丛书》;李宗浩、曲天敏主编的《体育管理学、体育经济学》;席焕久主编的《体育人类学》;潘肖钰主编的《体育公共关系》;王俊奇所著的《体育与文学艺术》;刘德佩所著的《体育社会学》;刘慕梧等主编的《体育美学研究与应用》;薛有才所著的《体育文化学》;盛琦编著的《中外体育民俗文化》;潘靖五、龙天启主编的《体育哲学与伦理问题新探》,等等。

① 刘玉霞:《探讨一种全新的语言学研究范式——分析社会语言学的七大特质》,《语文学刊(外语教育与教学)》2009 年第 9 期,第 39—41 页。

语言是人类社会构建不可或缺的关键因素,正如上文所言没有语言的发展就不会有今天的人类社会。在人类社会中,语言发挥着重要的功能。当然,语言到底有哪些功能,语言学家则见仁见智。德国心理学家Buhler认为语言有三大功能:描述功能(representational function)、表达功能(expressive function)、呼吁功能(vocative function)。美国语言学家Jakobson把语言功能分为六种:指称功能(referential function)、情感功能(emotive function)、意动功能(conative function)、寒暄功能(phatic function)、元语言功能(metalingual function)、组诗功能(poetic function)。英国文学评论家Richards认为,语言具有以下四种功能:表达意义(sense)的功能、表达感情(feeling)的功能、表达语气(tone)的功能、表达意图(intention)的功能。以韩礼德为代表的系统功能语言学家则认为,语言之所以发展到现有的形式,完全是由语言所承担的功能造成的。韩礼德将语言的功能分为:微观功能、宏观功能和纯理功能。①

从本书的论述逻辑来看,我们更倾向于认可系统功能语言学家的主张。就体育语言之分支系统来看,也需要借助于系统功能论者的研究范式来解析其微观功能、宏观功能以及纯理功能。当然,不可能对体育语言系统中每一类功能中的任何一项具体功能都详细展开分析,只是就其中的重点功能进行说明。譬如重点关注体育语言之微观功能中的工具功能、交流功能、个人功能、想象功能,宏观功能中的实用功能,纯理功能中的概念功能、人际功能等。

除了结合上述语言系统的总体功能论解析体育语言的社会功能之外,本书还着力建构体育活动在与其他各种社会活动融合过程中所呈现的语言功能或者语言表达形式。诸如体育语言的经济功能、体育语言的法律功能、体育语言的语言学功能、体育语言的政治功能、体育语言的文化功能等会成为本书的重点关注对象。换言之,这些体育语言类型就是体育语言在各个领域或者其与所关涉对象之间的关联性表达,譬如之与

---

① 高丽佳、田平、戴卫平:《语言多维度研究》,世界图书出版广东有限公司2017年版,第10—11页。

法律领域的结合，就是体育语言的法律表达，之与政治领域的结合则为体育语言的政治表达，之与文化领域的结合，就是体育语言的文化表达，如此等等。

当然，"语言既是一种社会现象，也是一种心理现象。因此，对语言的研究既可以从社会的，即从生物体之间的角度进行，也可以从心理的，即从生物体内部的角度进行。两种描述方法既可相互重叠，又能相互补充，所以只从一个方面进行研究必然要留下一些漏洞。"①这一观点带给我们的思考是，在关注体育语言的社会功能的同时，还需要关注体育语言的局限性，即其在发挥社会功能时所带来和制造的负面影响或负面效应。

这些基本问题有些只需要做些简要介绍，比如语言特性这一前提性问题，只在导论部分简单论述，体育语言的提出及其意义解析也需要及早提出并予以解答，因而亦放在导论部分来解决。至于其他关于体育语言的基础与核心问题则需要重点论述与层层解析，将设置为各章节以组建本书的主要逻辑框架。

上述的主要观点其实也是本命题的创新之处，此外本书还力图在以下方面取得突破和创新：

第一、一种新的研究方法。本命题将立足于跨学科的多维视角透视的基本立场，从体育学、语言学、法律学、经济学意义出发的概念化和类型化推演与"自下而上"的社会学研究方法相结合。尤其是本课题对体育语言（史）的分析基于田野调查的一手资料基础之上，从而使研究成果具有较高的真实性和可信度。

第二、一个新的研究视角。尽管国内外对体育语言问题有一定研究，但研究没有达成语言学和体育学层面的有机结合，更没完成其理论语言学和社会语言学的有机结合。实际上，对于体育语言的社会功能研究而言，语言社会学的研究视野和范式必不可少。本命题试图探索体育语言理论研究"理论"和"实践"的双重视域。

第三、一些新的对策思路。中国正由一个体育大国迈向体育强国，而

① 高丽佳、田平、戴卫平：《语言多维度研究》，世界图书出版广东有限公司2017年版，第14页。

且社会群众体育亦如火如荼,随着足球进校园在全国范围内的推进,学校体育也悄然兴起,那么探究并努力建构具有中国特色的体育语言及其社会功能理论,进而为保障中国体育活动的有序、良性发展及体育活动的社会治理提供强大的理论支撑,无疑是一项具有战略意义的工程。本课题的研究希冀并将着力在此问题上提出一些具有实践操作价值的对策思路。

二、体育语言的特性

英国语言学家特拉斯克构设了一个有趣的自问自答的情境:"如果要你说出一种最能区分人类和这个星球上其他物种的特性,你会选什么?爱? 战争? 艺术和音乐? 技术? 也许吧。但大多数人在深思熟虑之后会给出一个简单的答案:语言。"①确实,人类语言的确是宇宙中最奇妙的那一个。当然,更是最独特的那一个。语言的独特或许只能从一个方面说明人类语言的特性,而且表达的特性更多层面上是从整体性以及与其他事物的比较性上而言的,就语言本身而言,其特性不止于此。

概括而言,作为一种系统,人类语言包括体育语言具有如下几种主要特性:

一是体育语言具有群体性。语言并非个体现象。体育语言亦同。单个人的社会不是真正的社会,单个人也组建不起体育社会。单个人不可能亦无需产生和运用语言,甚至在诸如漂流荒岛的孤寂的生活环境下,即便诞生于成熟社会精通语言的人,也会变得沉默寡言直至减弱乃至丧失语言能力。所以,语言是人类整体发展和体育不断进化的产物,是促成人类社会和体育项目繁荣的工具,同时亦需生存于人类社会的土壤之中。人类社会的诞生促成了语言的产生及其社会功能的不断增加,反过来语言的社会功能也会促进人类个体及整体的进一步发展。语言是自然赋予人类的,但其本质上是社会的。社会属性才是语言的本质属性。正如有

---

① [英]R. L. 特拉斯克:《语言》,于东兴译,南京大学出版社 2014 年版,第 1 页。

人所言,"语言不是个有机体,而是在结合成一个民族的人们无数次活动基础上产生的社会规约。"①斯大林曾经指出:"语言是属于社会现象之列的,从有社会存在的时候起,就有语言存在。"②以此而言,人类语言的群体性其实就是社会性,离开社会的土壤,语言之花必将凋零。也就是斯大林所指的,"社会以外,无所谓语言"。③

二是体育语言具有独特性。语言同时又是个体和特殊的,它可以在特定活动场域作为特定事物的标记或指称。英国语言学家特拉斯克指出:"正如我将要试图去证明的那样,人类的语言大概是我们所拥有的区别于其他物种的最显著的特性。我们习以为常的语言能力,承载着大量不同寻常的,甚至是令人吃惊的属性。没有语言,我们将几乎无法创造我们所熟知的那个人类世界。缺了语言,人类所经历的从音乐到战争的每一件事也都不可能发生。正是语言,而非其他什么东西,让我们成为人。所以,人类的语言是独一无二的。"④这就使得特定语言表达及其功能分析成为可能,也成为必要。人类语言的特殊性不仅仅是指其在自然界中是独一无二的,而且相较于其他动物"语言",人类语言是独特的。人类语言的特殊性还体现在不同地理区域和不同种族上的特殊性。正如目前,世界上人类语言分为汉藏语系、印欧语系及汉语、英语、拉丁语等主要的不同的语系和语种。另外,在不同活动领域,也会产生和需要特殊的语言及符号,比如行业语、隐语(如黑话)等。

所以体育活动这一特殊社会领域会产生体育语言这一特殊语言分支系统,而且在不同的体育场合和体育项目里,亦会有不同种的体育语言微分支系统。当然,体育语言更多的时候是与体育规制相一致或者相联系的。故此,不同的体育领域需要制定不同的体育规则,因而也需要不同的体育语言体系来表达。

上述所言的不同情形的语言特殊性之间又是相互交叉的。正如人们

① [苏联]柯杜霍夫:《普通语言学》,常宝儒等译,外语教学与研究出版社1987年版,第67页。
② 斯大林:《马克思主义与语言学问题》,人民出版社1953年版,第20页。
③ 斯大林:《马克思主义与语言学问题》,人民出版社1953年版,第20页。
④ [英]R. L. 特拉斯克:《语言》,于东兴译,南京大学出版社2014年版,第1页。

开展超越民族乃至国家的体育活动,并非限定在同种语种的民族之间,事实上,通过附着在体育规则上的体育语言的运用就会让事情变得简单起来。体育语言主要通过相同的或者类似的体育规则表现出来,从而使得民族性的、世界性的体育活动的开展成为可能。在一定程度上体育语言尤其是体育肢体语言是没有国界的。

语言的独特性自然还和人类个体的独一无二性联系在一起。"实际的语言只存在于个人当中。在科学研究中,假如要了解它的本质和发展,是离不开个人的。"①科学实证研究如此,社会经验观察亦如此。这才会表现为有的人能言善辩、巧舌如簧,有的人则口笨舌拙、不善言辞;有的人具有语言天赋,能够精通多种语言,有的人则连自己的母语都不能准确运用、熟练掌握;有的人表达情绪激昂、声音高亢,有的人则嘶哑无力,甚至只愿意生活在无声的世界里,只愿意通过特殊的语言和特定人群进行交流。当然,这么说"不是意味着说不同语言的人优于只说一种语言的人"②,而是旨在表明语言因为个体不同而具有独特的一面。

三是体育语言具有多样性。现代体育活动的多样性有目共睹,而语言本身涵盖着不同层次和不同含义,在不同视角下会增加不同的变化。正如有人所言,"语言的高度复杂性使人们对(某一)问题的回答千变万化,折射出语言的多面性和多功能性,也折射出人们对语言本质的不同理解。"③语言的多样性不仅仅体现在其层次性和内涵性上,还体现在种类的多样化上。随着人类对自然探索与改造得越来越深入,物质的积累与科技的进步拓展了人类活动的空间,而其中任何一项人类活动都有其独特的语言系统,譬如在政治、法律、经济、科技、文化、体育等领域产生了带有其领域专属性的政治语言、法律语言、经济语言、科技语言、文化语言、体育语言等。而且,伴随着各项活动的细密与成熟,在每项活动中又进一步分化或者滋生新的语言体系。诸如在科技语言中,分化出人工智能语

---

① 黄振定:《翻译学:艺术论与科学论的统一》,上海外语教育出版社 2008 年版,第 235 页。
② [美]威廉・M.雷诺兹、朱莉・A.韦伯:《课程理论新突破:课程研究航线的解构与重构》,张文军译,浙江教育出版社 2008 年版,第 216 页。
③ 杨雪芹:《语法隐喻理论及意义进化观研究》,南京大学出版社 2013 年版,第 58 页。

言、基因语言、讯号语言、密码语言等。在体育语言系统中存在体育肢体语言、体育裁判语言、体育看台语言等语言分支。随着不同领域语言之间的融合，又交叉而成新的语言品种。就体育语言而论，其主要产生了体育媒体语言、体育文化语言、体育政治语言、体育经济语言、体育法律语言、体育有伤风化语言、体育道德语言等。

四是体育语言具有延展性。人类语言是人类思想的载体，所以语言绝不是扁平的。它可以通过声音、字体、波段等各种方式传递，而且语言的内容包罗万象、融通古今，因而其本身就是多维的、立体的，显示出一定的延展性。譬如修辞方法就是以语言具有延展性为基础建立起来的。语言的延展性还体现在其打破时空维度的穿透力和对其他事物的附着力上。凡是因为和人类有了关联或者经人类涉足实践的领域都会形成一种特有的语言系统，至少是添加了一种人类语言讯息。这些语言系统或者语言讯息使得这一领域具有了人类识别的代码，从而成为人类社会的一部分。在此过程中，会形成两种语言代码：一种是在微观和具体意义上而言的，例如在探索地理的过程中会编码出一种显著的地理语言，即地图。对于人们特别是后继者探索地球的秘密而言，地图这种地理语言就具有明确而具体的传承与交流功能。而在宏观意义上，凡是经过人类足迹的地理空间，则同样烙印上人类的足迹、书写了人类语言代码，成为具有人类语言功能的地理空间。

语言的延展性其实是语言衍生的结果，或者反过来说，语言的衍生性制造出语言的延展性。此两性的交融从一个层面表现出语言的意义多样化与变幻无穷。就此，早在1916年，瑞士人索绪尔就指出，语言是所指和能指的结合体，"所指"是语言的明确性、秩序性，而"能指"是语言的衍生性、意义性。[①]

体育领域是个极具开放性的领域，其空间具有极大的延展性，这也让其中的体育语言的延展性较之于其他语言系统更强，体育语言的延展性和衍生性反过来促进体育空间进一步拓展。

---

① 耿波：《徐复观心性与艺术思想研究》，中国传媒大学出版社2007年版，第279页。

五是体育语言具有层次性。人类语言的层次性不仅仅体现为一种进化,即从野蛮逐步走向文明,还体现在一种传播方式的改良上,即从口口相授到被用各种形式、各种设备记载:从结绳记事到文字的产生。至当今,科技力量让人类语言不再局限于地球,已经能够在宇宙发声,而且已然从现实世界走向网络虚拟空间。可以说,人类语言已经极大地打开时空维度,从历史语言到现代语言,从现实空间语言到虚拟空间语言,从地球语言到宇宙语言。语言的历史性得以根植于现代社会土壤,让厚重的历史语言与现代语言水乳交融,这一方面得益于历史学家、语言学家的辛勤努力,也在很大程度上依赖于现代科技力量的兴起。特别是录音录像设备的出现和网络的普及,使得语言能够以最大速度、在最广阔的空间得以传播,在此基础上,形成了现实语言与网络虚拟语言的局面,大大改进了语言结构,提升了语言功能。语言的历史发展和空间迭进本身就表明了语言的递进性,还同时通过时空的维度展示语言的阶梯要素。

语言的层次性不仅体现在宏观层面上,还体现在语言系统自身的层次性上。正如有学者认为,"按照语言谱系分类而形成的语系、语族、语支、语言的层次序列,方言分区时采用的大区、区、片、小片、方言点这样的五级划分。从语素到词到短语到句子而形成的语言层级体系,语义场描写和划分时的逐级分类形成的聚合词群。"①由此可以看出语言体系无论在结构还是在功能上都呈现出层次性来。

落位在体育语言,其层次性也极为显著。不同的体育运动有不同的体育语言,不同的运动项目亦有不同的体育语言分支,每一种运动项目又因为职业与业余、男女之别、民族地域之分,而呈现不同层级。

六是体育语言具有科学性。"语言要有科学性,没有科学性,就不能正确地表情达意。"②在今天,语言已经成为一门重要的学科。体育也是一门科学,体育运动需要科技力量的支撑与扶持。体育语言之所以成为一门学科乃至一门技艺,根本原因在于其语言及体育皆具有科学性。倘

---

① 于根元:《应用语言学理论纲要》,华语教学出版社 1999 年版,第 123—124 页。
② 倪正茂:《逻辑与写作》,广东人民出版社 1980 年版,第 44 页。

若语言学仅仅作为一门学科,就并不能够完全表明其中的任何一种分支语言一定具有科学价值和社会功能。因而要论述诸如体育语言等分支语言的社会功能必须还要证明或者知晓语言的科学性。"科学是以客观规律和事物的本质性为研究对象的,是相对严格的范畴,而学科则是一个与知识结构相关联的学究概念,具有无限的包容性和开放性,因而是相对随意的。"①语言的科学性恰恰是厘正与指引任何一门语言分支学科延循科学化之轨发展的基石。

语言的科学性需要通过科学化进程来展示和实现,而语言科学化的内涵至少包括三方面内容,即科学的指导理念、科学的制度构架和科学的制定与实施程序。在语言科学化机制中,科学的指导理念是至为重要的,虽然强调科学的理念不是科学主义的翻版,但是人们必须学会尊重现代科技的渗透力量,同时又要警惕泛科学主义的危害,科学理念的方向性引导会将语言体系设定在一个尊重规律的框架内。科学的理念融合于科学的制度构架,就会形成特定的制度精神,这种制度精神通过科学的语言规制制定和实施程序表达出来。只有这样,三位一体共同推进,才能使得语言规制制定和实施的程序呈现开放性,并浸润和秉持宽容的人文精神,从而最大程度地汲取民众的智慧以保证主流的语言观和语言体系足够理性。

体育语言科学性和体育语言科学性操作并非一回事,但又是一个问题的两个方面。换言之,没有体育语言科学性保障,何谈体育语言的科学性操作,亦即,体育语言科学性是体育语言科学性操作的前提与基础,反过来,体育语言能够进行科学性操作足以说明体育语言是科学的,而且体育语言科学性操作恰恰是体育语言科学性的外化与检验。体育语言的科学性在体育活动实践中非常重要,倘若说者言之无物并毫无根据或许能够迷惑受众,如若差之毫厘就可能谬以千里。

七是体育语言具有规范性。"人类语言交际实践已经反复向人们证明,语言必须规范化,才能促进相互之间的理解,避免误解和伤害,减少交

---

① 张训:《刑法科学化进程中的新探索》,中国社会科学出版社 2017 年版,第 3 页。

际成本,保障交易安全。"①故此,与其说规范性是语言的特性,不如说它也是语言系统的要求或者规则。语言系统的内部要求以及外部规则的制定主要表现为语言的规范化过程。可以说失去规范化,人类语言不可能成为系统,将不成体系。一些网络语言和新新人类语言或许能够流行乃至爆红于当下,但是从历史角度来看,其注定会因为不规范而被历史的沉沙所淹没。语言成为系统和体系本身已然表明其规范性了。低级动物包括早期人类的交流和表达方式之所以无法和现代人类语言相较,主要在于其简单、零散,无法成为体系和系统。

虽然社会体育的普及要求降低了运动的门槛,但是总体而言,体育是专业领域,体育运动是专业性活动。专业性、规范性成为对体育语言的核心要求。作为一种规范性要求和规范化进程,它不仅仅体现为体育语言表达上的规范性,重要的是体现为体育语言结构上的规范性。换言之,体育语言的规范性要求体现在两个层面上,一是内部的要求,另一是外部的要求。作为一种内部要求,也就是语言体系的自我规范,需要从语言教义学角度进行内部控制与内部规范。鉴于"语言是一个多层级多等次的大系统。语言规范也是多层级多等次的。各个子系统都有自己的规范形式。"②这就要求内部规范必须遵循语法、语用、语体等内部规律进行。外部的要求或者规范力量,主要来自于传统文化知识、民族习惯、语言表述场合、国人主流价值观、法律体系等。无论内部还是外部的规范性要求都需要建立在一种规范性操作之上,才能够完成对语言的规训。因为说到底,语言是一种表达方式,可以通过不断地演练以至成熟与完善。

当然体育语言还具逻辑性、实践性、目的性、生动性、形象性、艺术性、知识性、激励性等诸多特性。出于行文的需要本书只列举上述七种语言特性。总体而言,上述语言的几种特性是从语言整体系统角度进行论述的,其中当然也涉及到体育语言特性的描述。尤其是语言的层次性、延展性以及多样性为寻求与构建某一种语言类型创造了理论生成空间,使得

---

① 宋北平:《法律语言》,中国政法大学出版社 2012 年版,第 336 页。
② 王希杰:《修辞学通论》,南京大学出版社 1996 年版,第 189 页。

分析体育语言及其社会功能有了现实注脚,成为一种实践认知,而语言的科学属性保障其生成的包括体育语言在内的每一种语言分支都沾染了科学品性,从而使人们对体育语言的分析能够在科学框架内得以展开并遵循科学化路径得以进行。

三、体育语言命题的意义

人类体育史经历了原始体育、古代体育、近代体育和现代体育几种形态。体育的缘起、发展、勃兴与间歇往往直接映照出人类文明的影像,可以说,体育史是整部人类文明史的镜像。

可以大胆推测,劳动造就人类的同时亦造就了体育。为了生存,我们的祖先——原始人类用双手与大自然相抗争。在奔跑、跳跃、投掷、攀爬、游泳等的劳动实践中必然伴随着嬉戏乃至竞技。为了增强自卫能力,原始人意识到身体素质的重要性,开始自觉地加强身体锻炼。在采摘和猎取动物的过程中,增强了力量和敏捷性。他们也可能在短暂的闲暇时间进行纯粹地嬉闹、游戏,由此萌发了人类最初的体育形态。随着生产过程的复杂化,劳动动作更加精细,需要事先练习,由此多功能、多目的的运动形式出现了。原始民族为了确认青年是否具备劳动技能,通过狩猎、竞赛等方式对其进行检测,并为此设立了专供训练用的青年营。原始竞技由此产生。[①]

人类进入文明社会之后,国家诞生,出现了阶级分化。贵族成为有闲阶级,开始创设并且组织各种竞技活动,身份自由的平民也参与进来,没有人身自由的奴隶则成为运动开展的工具,但在一定程度上其实他们才是体育活动的主导因素。由此,体育运动获得一定程度的发展。

在西方,古希腊、古雅典、古斯巴达、古罗马,在保卫城邦的基调下,人们非常重视身体锻炼,也不忘创造和激发身体运动所带来的愉悦和激情。当然,在城邦之争中,并非完全依靠武力征服,有时亦采用相互间的格斗、

---

① 刘德佩:《体育社会学》,人民体育出版社 1990 年版,第 4 页。

摔跤等方式以维护各自城邦的尊严。即便在黑暗的欧洲中世纪，农民们依然在闲暇时间举办赛马、摔跤以丰富民间体育生活，贵族们则创造了极具特色的骑士体育。东方各国也经历大致相同的历程，诞生了诸多嬉戏和竞技式的体育活动。如中国的马术、蹴鞠、射箭、摔跤等一时间成为大众喜闻乐见的体育活动。

科学技术力量促使现代体育向多样化和规范化方向发展。现代竞技体育的产业化和国际化运动则催生大量的体育团体和相关组织。当体育足以影响到国家经济、政治利益的程度时，它不再是个人或者单个团队的行为，而是牵涉到一个协会、一个组织甚至一个国家。当"体育流水线"得以构建成型时，意味着体育运动机制能够更加顺畅，但同时也意味着，体育链条中的每一道缝隙都能够为体育特色和体育语言制造足够的生存空间。

体育运动作为一项社会运动，不可能脱离特定的社会背景。它与文化、经济和政治存在千丝万缕的关系。

体育与经济之间的纠葛催化了体育商业化和产业化。当某些体育事项成为一种产业时，说明其已经沾染或者具备了经济实体的所有特质。经济力量的锻压致使体育产业的链条节节增长，在开放时代里，不仅竞技体育，就连社会体育也会以各种形式走出国门，成为吸金石。一些体育项目本身就是"烧钱"的运动。不可否认，体育商业化对于体育职业化乃至某些体育项目水平的提高起着一定的促进作用，但是商业化本身就意味着体育随时可能成为经济的牺牲品。那么，结果是，体育被经济力量推动、锻造和催生出新型的特有的体育语言分支，即体育经济语言。反过来，体育经济语言作为一种重要的介质亦促进了体育商业化和市场化的顺畅运行。

体育与政治之间更是"纠葛不断"。在某些特定场合，体育常常成为政治的一枚棋子。例如，冷战时期，一方阵营对另一阵营主办的奥运会的抵制就带有明显的政治色彩。有时体育事件就是政治事件的一部分，甚至成为扭动政治乾坤的关键环节，其中著名的如我国的"乒乓外交"事件。当代社会，体育项目乃至体育明星之间的较量往往演绎为各国国力之间的较量。可以说,当下的体育在一定程度上被赋予了政治意蕴。世界各国不断加大对体育事业的投入力度,争相申办奥林匹克运动会等国际大型赛事,因为一次大型国际赛事的举办,即便无法为其带来丰润的经济回馈,也能够提升东道主国家的国际影响力。为此,各国不惜动用经济、文化乃至政治谋略。虽然,体育作为一种政治话语出现,但是毕竟仍然呈现其作为体育和作为语言的基本特质。所以,体育政治语言的出现扩展了体育语言的体系库。同时,如体育经济语言在体育市场化、商业化中发挥的重要介质作用一样,体育政治语言或者体育语言的政治表达同样在体育发挥政治外交活动中发挥着不可替代的作用。

经济、政治、文化等因素对体育语言所产生的影响远不止于此。受市场经济化影响,体育活动与市场挂钩,或者受经济因素影响,逐步出现体育语言市场化和商业化现象。在此过程中,就会诞生体育商业语言或者体育经济语言。而随着体育市场化和商业化脚步的繁密,难免会将触角伸向更为广阔的国际市场,从而带动体育的国际化。而且,体育语言本身就可以成为一种世界语言。正如学者所言:"体育语言是在体育的发展过程中逐渐形成的,并呈现出一种统一的世界性语言,而且它是一种真正的世界性语言。不管哪个国家或民族的人,不管白人还是黑人或黄种人,不管具有什么样的信仰,不管说何种语言,但都懂一定的体育语言。"[①]以此而言,体育语言作为一种世界语言具有国际性,与之相应,国内的或者民族性的体育语言就成为民族体育语言。

在体育领域诞生的这些特殊语言和话语体系,谓之为体育语言。随着体育领域的拓展和分化,体育语言亦呈现出多样性姿态,产生诸如国家体育语言、媒体体育语言、大众体育语言等。因为在不同场合使用或者带有某种倾向性表达,使得体育语言形成特定的社会功能,发挥特定的社会效果。

本书将会在行文中结合实践中的具体案例分析那些涵摄经济因素、政治意蕴、文化内涵以及流露民族情结的体育语言的特殊表达及其产生

① 薛有才:《体育文化学》,航空工业出版社 2013 年版,第 41 页。

的社会功效。

　　分析体育语言所蕴含的意义及其功能，还要注意它和其他语言体系的不同之处。事实上，除了官方体育语言、媒体体育语言、政治体育语言、经济体育语言、文化体育语言、法律体育语言等一些正式的体育语言外，基于体育活动有官方体育活动与民间体育活动、竞技体育活动与社会大众体育活动等之分，还存在其他诸如民间体育语言、看台体育语言、大众体育语言、娱乐体育语言等非正式体育语言形式。两者相较，正式或者官方形式的体育语言具有科学、规范和逻辑严密等特性，而非正式性体育语言除了不严格遵循或依照上述所言的语言特性要求之外，还存在其他形式的体育语言和体育词语。如按照学者的描述，就"我喜欢体育"而言，若为一小学生在上体育课时兴高采烈地说出此话，那么"体育"即是指小学体育教学中的快乐体育；若为一社区群众对参加大秧歌、集体舞、韵律操、太极拳等运动后兴奋心情的描述与慨叹，那么"体育"即是指大众的健身体育；若为一减肥者对其成功 lose weight 后的喜悦表达，那么"体育"即是指"瘦身体育"；若为一电玩者在网络环境中所进行的虚拟的、数字化的对抗与比赛，那么"体育"即是指"电子竞技"。……很显然同是"体育"一词，在多种不同语境中具有多种不同意义。根本不存在什么单一的、精确性的概念。若说体育语词概念"跟其他领域一样，它的科学性也是越来越强，精密度也是越来越高。"这只能是彻头彻尾的幻想。[①]

　　唯有注意到这些区分，才能真正懂得体育语言命题的真谛，也才能真正调动体育语言的积极性，并有效发挥其社会功能。

四、本命题研究思路、方法及立场

　　体育与语言的结合是在人类社会诞生那一刻就开始了，因而体育语言是一种古老的语言种类。作为一种既古老又时兴的语言品种，体育语

---

① 谢光辉：《国家体育语言问题新论——"非形式逻辑"的哲学阐释》，《湖南科技学院学报》2007年第9期，第149页。

言不仅发生在运动场上,还出现在体育产业相关的经济领域;不仅仅发生在竞技体育领域,还滋生于社会群众体育和学校体育中。随着体育社会化、体育产业化和体育国际化的快速发展,体育语言亦呈现出复杂、多变和细化的特征,其主体、对象以及类型出现一定程度的变异。这就要求人们不仅要在历史褶皱中查看古老的体育语言品种,还要捕捉体育活动和体育项目集散地内的新型语言类型。体育产业化和体育国际化的延伸拓展了体育语言的运用空间,使得从发生学的角度上有了"新型体育语言"理论构建之可能与必要。其中合理规划当代体育语言理论的构建路径、挖掘当代体育语言理论的核心内容、论证当代体育语言的理论价值、挖掘当代体育语言的社会学、人类学、法律学、政治学、经济学功能体系,这就是中国体育语言理论研究的基本路向。

围绕本命题的研究思路,拟采用以下方法对之进行研究:

1. 田野调查的个案选择与方法。采用定性研究和问卷调查的定量研究相结合的方式到体育活动尤其是竞技体育举办地进行深入调研。

2. 跨学科视景透视(interdisciplinary perspective)。本课题研究采用建立在体育学、语言学、法学、人类学、社会学、政治学、经济学和民俗学交叉透视基础上的研究方法。

3. 比较分析方法。比较德、英、美、等国体育语言研究及社会功能的情况,①提炼我国学界及实务界(如新闻媒体、体育比赛解说员、体育节目主持人)的经验做法,为本命题的研究提供比较基础。

4. 具体研究宏观化。把研究结论放在宏观视野下进行审视,从学科和事业全局的高度来验证其科学性、可行性。

为了准确界定本命题所涉及场域、概念、类型以及社会功能,笔者将明确以下研究立场:

---

① 在德国,语言学家很早就开展了对体育语言的研究,甚至早于专业语言的研究。50 年代后,语言学家们开始了对体育语言更为科学的研究,当然这种研究是全面化的。参见郑峻:《德语体育语言的词汇特色——以体育报道为例》,同济大学学位论文 2008 年度。例如,德国教育家第斯多惠说:"教学的艺术不在于传授的本领,而在于激励、唤醒和鼓舞。"在教育教学中,"语言的技术"和"技术的语言"是体育教师的两大法宝。参见索召侠:《语言艺术在体育教学中的运用》,《试题与研究:教学论坛》2000 年第 21 期,第 9 页。

其一,拓展研究场域。本命题缘起于实践,因而实践中体育语言具体样态是本命题的生命源泉。为此,首先需要对体育语言的发生场域和范围进行界定。笔者认为,在体育社会化、产业化和国际化的背景下,研究视野不能过于逼仄,要从两个切面打量体育活动。在横向上要注意到其发生场域不限于竞技体育,还有社会体育和学校体育等领域;在纵向上则要关注体育管理活动、体育竞赛活动、体育商业活动、体育文化国际交流活动等整个体育链条。另外这里还包括,对历史切面上的体育语言,即体育语言史的关注;关注域外其他国家体育语言的形态及其发展状况。研究体育领域中的语言样态不能仅仅关注其中的个别类型,而需要关注其整体性,也就是说要放在语言整体系统中,更要将体育领域拓展到其他相关联领域中。

其二,明确研究视域。这也是关于体育语言属性的定位问题。如上文所言,已有的研究并未就体育语言究竟该置于理论语言学意义上还是社会语言学意义上表明立场。本书认为,对于体育语言而言,理论语言学意义上的研究往往停留在纯粹语言学视域内。如果仅仅将体育语言限定在理论语言学视野中,则无疑极大地限缩了其外延,而且理论语言学研究范式主要是在语言学规范层面上研究它,而社会语言学研究范式则是在事实层面上研究体育语言的发生、运行规律以及体育语言与其他系统之间的交流。所以,社会语言学研究主要集中在体育语言现象本身。在社会语言学视野中,对体育语言可以从更为广泛和多重的角度进行解析,既可以从生物学、心理学、文化学、美学、经济学、政治学、法律学的角度进行,也可以从社会学、人类学的角度进行;既可以从个体行为角度也可以从群体现象角度展开。由此把体育语言放在社会背景下,研究其与社会之间的关系,研究其所发挥的社会功能,从而能够更为科学全面地认识这一现象。英国著名教育社会学家 Bernstein,以提出社会语言学理论假设而闻名遐迩。(其)始终致力于对语言、话语与社会之间的研究,提出了广义上社会结构制约语言形式,狭义上语言形式制约社会结构的观点。①

---

① 赵霞:《基于意义进化理论的语言构建性研究》,苏州大学出版社 2015 年版,第58 页。

基于此,本书将主要依循社会语言学的研究路径对这一社会现象进行学理检验和实证分析。

其三,遵循"一体化"研究范式。在刑事法研究领域,著名刑法学家储槐植教授提倡"刑事一体化"研究范式,在其看来"刑事一体化,既是概念,也是方法。"[①]其提出的"一体化"研究策略和范式影响深远。人们在各个研究领域纷纷采用一体化研究方略。其中,仅以一体化研究命名的著述就不在少数。[②] 之于体育语言及其社会功能的研究当然也可以借鉴此类研究范式。

按照社会语言学视域的界定,本命题所言的体育语言形式上与体育作为一种行为相吻合,其中既有体育语言作为纯粹表达的形式,也有其作为交流工具与其他领域融合的形式,还有作为传授技艺以及普及教育的功能。针对不同性质和不同形式的体育语言,需要构设并完善包含体育语言规则、结构、功能在内的一整套的体系。为此本书主张在构设体育语言分支系时,应遵循一体化理念。

"一体化"研究理念要求我们不仅要在体育语言系统内部关照其作为语言学应有的特性,也要关注其作为社会活动所沾染的社会品性;既要关注其技术性操作层面的事情,也要关注和分析其理论层面所蕴含的东西;既要关注同时代国内理论界和实务界的观点和做法,也要关注域外相关的观点和做法;既要关注现时代体育语言的革新与即时状态,也要关注体育语言史的演绎与发展;还要关注体育语言学的各种表现形态及其所释放的信息与发挥的社会功用。这就要求构建体育语言及其社会功能的研究体系,需要涵括生发、运行、控制、发挥等在内的"一体化"语言机制,而非仅仅依赖语言技术的控制能力,还要谋求契合于体育活动本身特征的其他应对方案。

---

① 储槐植:《刑事一体化论要》,北京大学出版社 2007 年版,第 24 页。

② 以"一体化研究"命名的著述不下数十种,例如《刑事执行一体化研究》《劳动刑法 侵权与自救的刑事一体化研究》《中国-东盟农产品市场一体化研究》《北京市城乡发展一体化研究》《中国西部地区城乡卫生一体化研究》《延龙图区域经济一体化研究》《香港与内地经济一体化研究》《一国两制模式的区域一体化研究》《思想政治教育人性走向 人文关怀与心理疏导一体化研究》,如此等等。

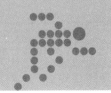

第一章

体育语言基本范畴

"语言科学的任务,它所研究的各种问题,归根结底必然永远要取决于对语言基本范畴的理解,这是采用各种具体研究方式的先决条件。"[1]但"语言本身的构造很复杂,需要从不同的角度、不同的方面进行研究。通常来说,语言系统大致可以分为语音、语法、语汇等几个子系统。语言研究可以分别描写语言每个子系统在某一个特定时期的共时状态和不同子系统之间的关联,这是共时语言学的研究角度;也可以研究语言每个子系统在不同时期所发生的变化及其变化中不同子系统之间的关联,这是历史语言学的研究角度。综合各种语言的研究成果,归纳语言的一般规律,这是理论语言学的任务。"[2]作为语言系统的分支系统,体育语言基本范畴中既包含有语言范畴的基本元素,还涵摄其特有的元素。我们认为廓定体育语言的基本范畴,首先从其概念入手,之后分类比较,再后分析其产生和发展的基础及因素。

第一节 体育语言界定

从上文叙述中约略知悉,给体育语言寻找一个概念并非易事。就其

---

① 方光焘:《方光焘语言学论文集》,商务印书馆 1997 年版,第 340 页。
② 叶蜚声、徐通锵:《语言学纲要(修订版)》,北京大学出版社 2010 年第 4 版,第 3 页。

元系统,即语言系统而言,关于语言范畴的概念和内容,人们的观点就没有达成一致。在不同知识体系和框架内,学者随着分析视域不同而对语言范畴及其概念的界定亦有所不同。

一、不同视域之争

譬如在语言范畴的界定上,学者们各执一词。按系统语法观点,语言的基本范畴是 unit(单位)、structure(结构)、class(类别)和 system(系统)。[①] 在此基础上,有人干脆概括,系统是语言基本范畴。[②] 认知语言学对认知词典学的启示之一,就是基本范畴词汇的确定与应用。基本范畴词汇往往直接源于人的体验,使用频率较高,而且一般说来,越是日常使用的基本词汇,使用频率就越高,而使用频率越高的词汇,也就越容易习得。如果从语言系统本身来看,最常用的词语却不一定是自然意义上的基本范畴,如定冠词、不定冠词,而自然意义上的词汇也涉及非自然因素,如人称、性、数、格等,这些可以看作语言系统中的基本范畴。[③] 基于对词语符号的分析,语言的基本范畴则为能指和所指、组合与聚合、共时与历时、语言与言语、任意性与线条性等。[④]

而不同语系和语种,语言范畴亦有所不同,例如藏缅语言属于有形态的语言,以藏语来说,其八、九世纪的文献语言材料表明,古藏语是一种形态丰富的语言,其语言的基本范畴是以内部屈折的形式来表现的。[⑤] 在生理心理学视域中,语言范畴划分为感性范畴和抽象范畴,这些范畴反映了人们观察客观世界的自然范畴,是人们感性和理性器官作用于客观世界的产物。[⑥] 语言生态学认为,世界上任何语言系统都不是孤立存在的,

---

① 戴炜华:《新编英汉语言学词典》,上海外语教育出版社 2007 年版,第 832 页。

② 李辉:《系统功能语言学视角下的语篇衔接研究》,《辽宁工业大学学报(社会科学版)》2014 年第 6 期,第 61—63 页。

③ 赵彦春:《认知语言学:批判与应用》,南开大学出版社 2014 年版,第 321 页。

④ 孟华:《汉字主导的文化符号谱系》,山东教育出版社 2014 年版,第 163 页。

⑤ 杨自俭:《字本位理论与应用研究》,山东教育出版社 2008 年版,第 57 页。

⑥ 桂诗春:《心理语言学》,上海外语教育出版社 1985 年版,第 198—200 页。

它的产生和发展都与自然、社会、文化、人群等环境因素密切相关。语言与它所处的生态环境可以构成生态语言系统。如果我们将汉语语言体系看成一个生态语言系统,那么目前我国社会、经济、科技、文化等方面的飞速发展为新词汇的产生提供有利的外部环境,当新事物出现时,必然需要新词汇对其进行描述。①

延循上述各家观点所形成的语言范畴而言,体育语言作为一种语言系统,其语料库来自于体育活动中形成的特有言语和词汇。其研究思路是建立在庞大的语料收集与整理基础之上,从而爬梳出相关的语法特征。事实上,在体育活动中,因为使用主体、对象以及场合的不同,体育语言的确呈现出不同的语法结构特征。例如同样是体育运动员,在和教练员或者裁判员交流时使用的体育语言就不同于在比赛中和对方运动员或者己方运动员使用的体育语言。有时,他们使用专业性体育语言,谓之体育行话,有时,又会使用运动员才懂得的体育俚语。至于其他,诸如教练员与运动员之间的交流,体育观众、体育媒体、体育主持人的话语表达都会呈现出不同的语法特征。

人们研究其他语系例如藏缅语、印第安语的路径和思路为体育语言的研究带来一定的启示意义。印第安语少数有古老的象形文字,绝大多数都没有文字,靠语调的强弱来表达不同含义。其中著名的如在二战中作为密码使用的纳瓦霍语。藏缅语则更多地作为一种形态语言示人。类似的形态或者声态语言跟特定活动和领域的体育语言有相似之处。譬如在大型运动项目中,教练员、运动员之间的交流很难用语言顺畅进行,这时候,特定的肢体和声音就成为彼此之间最好的体育语言。

由此可以探知,体育语言因不同主体,针对不同对象,在不同场合使用,处在不同领域和环境,皆会呈现出不同的语言样态。而这些语言样态其实亦属体育语言的基本范畴之列。其中值得关注和解析的是,体育语言与体育话语、体育语言与体育词汇之间的异同。

---

① 刘科成、彭爽:《基于语言生态学的汉语新兴词汇研究》,《外语学刊》2018 年第 6 期,第 64—67 页。

二、体育语言与体育话语

按照《现代汉语词典》的解释，话语即言语，也就是我们说的具体的话。而语言指人类所特有的用来表达意思、交流思想的工具，是一种特殊的社会现象，由语音、词汇和语法构成的一定系统。"语言"一般包括它的书面形式，但在与"文字"并举时只指口语。另指话语，[1]按照其解释，体育话语就是体育言语。言语和话语比较，后者更为庄重一些，前者稍显随意。例如"有什么情况，言语一声"。虽然瑞士语言学家索绪尔也认为言语就是话语，不过在他看来，语言和言语的区分需要更为庄重和严肃，即语言和言语活动不能混为一谈；它只是言语活动的一个确定的部分，而且当然是一个主要的部分。它既是言语机能的社会产物，又是社会集团为了使个人有可能行使这机能所采用的一整套必不可少的规约。言语却是个人的意志和智能的行为，其中应该区别开：（1）说话者赖以运用语言规则表达他的个人思想的组合；（2）使他有可能把这些组合表露出来的心理·物理机构。[2] 以此，我们接受话语就是言语的结论，并且认为体育话语就是体育言语，但却和体育语言有区分的必要。

在《现代汉语词典》的解释框架下，体育话语和体育语言亦可以在一定程度上或者在一定情形下等同。不过，这只是人们对语言和话语的一种解释方式。其实，语言和话语还存在其他不同的解释空间。正如《现代汉语词典》对语言的另外一种理解，语言更多指向一种现象，它是一种系统存在。不管这种系统是内在的还是外在的，是动态的还是静态的，它只是一种交流的工具。而话语更多指向人们的思想底蕴以及说话时所营造的一种语境。总之，语言是概括的，言语是具体的。体育语言和体育言语也是一样。

人类语言是有声或者有形的，前者如声音语言，后者如肢体语言。人

---

① 中国社会科学院语言研究所词典编辑室：《现代汉语词典（第6版）》，商务印书馆2013年版，第562、1591页。
② ［瑞士］索绪尔：《普通语言学教程》，高名凯译，商务印书馆2005年版，第30—35页。

类通过声音或者肢体传递一种思想和意识,而语言只是停留在人类思想和意识的浅表,更深层次的意识和思想表达则称之为思维,而语言是表达思维的工具。也就是通常所说的"弦外之音",语言是"弦",思维是"音"。

人类语言作为一种系统,更多强调整体表达,自言自语或者自说自话更多程度上是话语表达,因而,话语更多强调发言者的思想流露。在索绪尔看来,语言作为研究的对象实质上是具有社会性、稳定性的,这是进行语言学探讨的一个重要方面;而言语(话语,笔者注)在实质上具有个体性、随意性,它仅仅是语言探讨的次要一面。① 当然在"说的话"所产生的效应上,话语表达强调的是社会效应,也就是这种话语在对象群体中所起的作用和功能,而人类语言虽然具有社会效应,但更多地强调其作为人的符号。两相比较,语言具有人类表征意义,而话语则突出思想意境。与之对应,体育语言是作为体育领域交流的整体符号象征,而体育话语则倾向于表达一种体育思想或者体育境界,当然也可以表示一种体育体系。

正如根据索绪尔的理论,语言应是为众人皆知的一项规则体系,具有稳定性、抽象性以及广泛性,是并不包含言语活动在内的一种极具特色的符号体系。跟索绪尔提倡的语言系统性思想不同,巴赫金更注重语言的社会属性。巴赫金认为必须要跳出传统语言学的局限,通过人们的实际生活去探讨语言,并以此得出言谈(discourse))以及话语(utterance)的具体定义。尽管语言系统的规则具有稳定性以及抽象性,然而言谈却存在特殊性和多变性,话语则是通过数个具有自身特征的言谈对话关系共同组成的,是鲜活的、具有生命力的语言实体。② 两者相较,话语承载着更多的内涵以及社会功能。

在另外一个层面,如果将话语作外在话语和内在话语之分的话,那么外在话语往往就是声音或者肢体语言所呈现出来的原貌,而内在话语才是"弦外之音"。

---

① 李京育、吕明臣:《从语言到话语——论巴赫金对索绪尔语言观的批判与继承》,《学习与探索》2018 年第 9 期,第 146—151 页。

② 李京育、吕明臣:《从语言到话语——论巴赫金对索绪尔语言观的批判与继承》,《学习与探索》2018 年第 9 期,第 146—151 页。

当然,过分地强调话语的多样性和丰富性特质,在一定程度上会贬低语言的多样性和丰富性。正如有人指责奥古斯丁一样,认为"他总是不断地讨论语言问题——已经很明确地贬低了外在话语的价值,从而贬低了关于语言多样性这整个问题的价值。外在话语就如只能内在地复制的外在话语一样,都同某种确定的舌头相联系。在每一种语言中话语都有不同的发音这一事实只说明,话语不能通过人类的舌头表明它的真实的存在。奥古斯丁完全用柏拉图那种贬低感官现象的方式说:我们不能说出事物本身是什么,而只能说出事物就我们肉体所看和所听是什么。真正的话语,是完全独立于这种感性现象的。话语既不可外在地表现出来,又不可用与声音的相似性去思考。"①

而且,在另外一种解释场合,话语作为一种整体现象,代表某个民族、地域或者代表特定的阶级、阶层,如中国话语、马克思主义话语等,而语言却成了个人行为,因为个人表述而带有个人风格。只不过,并非每个人的语言都会被分门别类并谓之为某某语言,只有具有特定时代影响力或者处在特定地位的某一独立个体之谈话、文章或者其他交流才会被独立化为个体语言。否则即便被谓之为语言形式,也实为话语。譬如大众语言其实更多地作为一种整体形式的大众话语。

如此,不如将话语作为一种分析语言的模式,也就是提出话语模式的概念。话语模式是语言的一种表达和分析模式。话语分析探讨语言传达意义及社会与权力关系的方式。其中影响比较深远的话语分析模式是迈克尔·韩礼德的系统功能模式。这种分析模式认为意义是作者的语言选择,这些语言选择和更宽泛的社会文化框架有系统联系。②

在话语模式分析框架下,语言自有语言的多样性和丰富性,话语自有话语的意境,两者相得益彰,并且能够相互解释与匹配。并且由此亦能够打通语言作为载体创造多种话语表达方式,而反过来话语分析模式有利

---

① [德]H. G. 伽达默尔:《诠释学 I: 真理与方法(修订译本)》,洪汉鼎译,商务印书馆2011年版,第592页。
② [英]杰里米·芒迪:《翻译学导论:理论与应用》(第3版),李德凤等译,外语教学与研究出版社2014年版,第130页。

于注解多种语言表现方式。在此情形下,体育语言和体育话语之划分既有现实依据,亦能够在各自的意境中发挥其应有的功能和作用。

也是在这样的分析框架下,体育语言和体育话语的不同表述才各司其职,虽然我们会在不同场合使用这两种表述方式,有时可能表达同一意思,有时也会加以区分,但都不会成为分析体育语言及其社会功能的阻碍,相反,正是在一定程度和特定场域的区别使用,才能更为显著地体现体育语言的社会功效。

体育话语分析或者表达的效果及功能会具体通过语音、语体、词汇、句法、修辞等层面体现出来。此处试举利用多模态话语形式中利用语言之一例。例如在一场规模较大并事关国家民族的足球赛事中,看见身披国家队战袍的运动员在努力拼搏,体育主持人或者解说员在现场观众呐喊助威嘈杂的声响中极其亢奋,提高语调连续大声呼喊"我们不是一个人在战斗,我们不是一个人在战斗",如此话语表达,也就是通过语流音变①,来提升和表达体育解说人的情绪,从而增加体育语言的魅力及其所承载的国家力量和民族精神。

三、体育语言与体育词汇

语体差异是语言普遍存在的现象,不同语体文本中的词汇分布频率具有显著差别。语体一般情况是通过语言要素来显现其稳定的语言运用风格,不同语体的文本都会通过对其语言要素进行规制来凸显其语体特征,其中词汇是语体特征显现的一个重要标记。② 由此我们探讨和分析体育领域中的语言现象就需要将其中使用的词汇标记作为分析的逻辑起点。

《现代汉语词典》解释,"词汇,一种语言里所使用的词与词组的总称。

---

① 语音流变是语言十分重要的特点,是语言系统丰富而富有弹性的表现。参见叶蜚声、徐通锵:《语言学纲要(修订版)》,北京大学出版社 2010 年第 4 版,第 75—78 页。
② 吕文涛、姚双云:《词汇规制与立法语言的简明性》,《语言文字应用》2018 年第 4 期,第 65—74 页。

也指一个人、一部作品或者一个领域所使用的词或固定词组,如鲁迅的词汇、《红楼梦》的词汇。"①其中特定领域使用的词或者固定词组可以冠之以特定称谓的解释为体育词汇的提出提供了词源和称谓上的依据。

词汇是语言的建筑材料,没有建筑材料就不能盖房子,没有词汇就不能造句子。词汇反映着社会发展和语言发展的状况,也标志着人们对客观世界认识的深度和广度。就一种语言来讲,它的词汇越丰富越发达,语言本身也就越丰富越发达,表现力也就越强。②

体育词汇对于体育语言体系的形成至关重要。尽管人类社会从诞生之时,就同时产生了体育,但那时的体育毋宁说就是劳动中的嬉戏。因而专门的体育词汇还没有从劳动语言中脱胎出来。直到出于战争的需要,体育训练开始脱离于军事训练或者为军事训练做准备,正规一点的体育训练逐步形成,不过,体育词汇亦大多发端于军事术语,并且融入军事语言中。唯有当近现代专门体育职业的产生和体育活动的大力开展,体育词汇才如泉水般涌现出来。因此可以说,没有一点一滴的体育词汇就没有现在强大和完善的体育语言系统。体育词汇的积累也使得体育语言词库和语料库越来越发达和丰富。反过来随着体育活动国际化、市场化、社会化的开展,体育语言系统的强大以及其与外部系统的不断碰撞交流,也产生了许多新的体育词汇。在这一层面上,体育语言和体育词汇二者是相得益彰,共同发展的。

体育词汇是零散的,体育语言是系统的,但体育领域和体育活动特性决定需要通过诸多零散的体育词汇来创建、充盈与完善体育语言系统。缩略语这一体育词汇表现形式就经常出现在体育领域,成为体育语言系统的重要组成部分,并发展为体育语言的一大特色。例如,人们习惯于将"奥林匹克运动会"简称为"奥运会",习惯于将"National Basketball Association(美国职业篮球联赛)"简称为"NBA",习惯于将"中国男子足球运动队"简称为"中国男足",习惯于将"Most Valuable Player(最有价

---

① 中国社会科学院语言研究所词典编辑室:《现代汉语词典(第6版)》,商务印书馆2013年版,第562、1591页。
② 黄伯荣、廖序东:《现代汉语(增订五版)(上册)》,高等教育出版社2011年版,第205页。

值球员)"简称为"MVP",如此等等。这样的简称,更有利于观众和体育解说员在现场使用这一词汇。竞技比赛中,鉴于强烈的场面对抗和时间限制,场外指导的教练员布置战术时不可能运用大段的描述,往往使用"防反(防守反击的简称)""Tiki taka"①等缩略语和运动员进行沟通交流。

因为体育越来越职业化并分工细密化,体育词汇也呈现固定化、专业化和术语化特征。其他诸如语素、固定短语、熟语、俚语等体育词汇也纷纷呈现在体育看台与体育直播间。体育熟语、体育俚语、体育成语、体育俗语不断成型,并逐步加入到体育术语的行列中来。例如人们在描述足球比赛中球员炫技会使用"穿裆""甩尾""大趟硬吃""踩单车""勺子点球""马赛回旋"等一系列体育熟语、体育俗语和体育俚语。

体育术语的出现不仅仅表明体育领域语言有别于其他领域语言,即便在不同体育项目和体育活动中,各个专项的体育术语也形态迥异。譬如在体操项目中,描述体操技巧及动作的体育术语就具有体操领域的专门性。体操术语的形成有以动作的完成缩略而成,比如将一些跳马动作称为"前直540、前团两周、踺子小翻……";将一些平衡木技巧动作称为"小小直、小拉拉……";将一些自由体操动作简称为"团二、屈二、直二……";将高低杠动作技巧简称为"死挂、虚摆、弧形换杠……";将一些吊环动作技巧简称为"本间十字、水平十字、屈伸上水平十字……";将一些双杠项目动作技巧简称为"大回环、双臂屈伸……"。体操术语的形成也有以某一著名运动员的动作而命名,即术语的词汇构造为运动员名加其动作完成,比较经典的有"托马斯全旋""特卡切夫腾越""童非转体""楼云空翻""帕克空翻""李宁摆上""李宁大回环""李小双十字""尤尔琴科360""杨波跳"等等。排球运动中也会大量使用简略词和术语,例如"短平

---

① Tiki taka(西班牙文:tiqui-taca)是由"全能足球"演变而成的足球战术,其特点是短距离传送和频繁跑动,核心理念是保持控球权,以减低后方防守球员的压力。此战术有别于传统的足球布阵理念,倾向于区域组织(zonal play)。Tiki-taka 主要应用在西班牙国家足球队及巴塞罗那足球俱乐部,后者主要应用在约翰·克鲁伊夫时期至蒂托·比拉诺瓦时期。资料来源于百度百科,网址:https://baike.so.com/doc/5382507-5618865.html?from=2984949&redirect=merge.

快""上手飘球""背传""超手进攻""二点五(亦称半快球)""打探头""前飞"等等。

体育活动特别是体育比赛的特殊性,使得无论是教练员和运动员的交流,还是现场观众和运动员之间的交流,都不可能通过像学术讲座、话剧台词甚至是办公室的对话等完整的语言形式来表达。在体育赛场及当时的情境下,交流或解说可能只是通过一种声音和肢体语言,即便有语言形式也大多是简短的、急促的、零散的词汇形式。即使在相对安静的诸如在乒乓球、羽毛球和网球等两个人之间的竞技比赛中,教练员与队员之间的沟通也大多通过短促的声音或者鼓掌、站起身来紧握双拳等方式表达。倘若是竞赛人员众多,看台观众更多的美式橄榄球、男子足球、职业篮球等赛事中,那人们之间的体育话语表达就会变得更为精妙。例如在美国男子职业篮球联赛(NBA)中,当一个球队的灵魂人物站在罚球线上准备罚球时,主场观众会连续齐声高呼一个词"MVP,MVP……";当对方进攻时,他们又会大声齐呼"Defense, Defense……"。这种情绪和做派也传染到中国男子职业篮球联赛(CBA)中,当对方运动员进攻时,主场观众也会齐声高呼"防守,防守……"。特别在大型的足球赛事中,现场聚集的观众动辄成千上万,人声嘈杂,球员之间、球员与教练员之间的沟通不可能通过大段语言或者话语来表述,有时就是一个简单的词汇,甚至一个口哨,一个肢体动作,一个眼神。在类似赛事中,体育解说人也往往选择使用短促的词汇。因为短促的词汇往往更能宣泄一种情绪或者带动观众的情绪。例如在解说梅西参与的足球比赛中,当梅西带球突进特别是取得精彩和关键进球时,解说员往往就声嘶力竭突出一个词"Messi, Messi……goal, goal……"。在此,足球解说员运用的词汇是缩略词"goal",而不是"score a goal"。类似的例子不胜枚举。

我们也可以通过某著名体育解说员在一场体育比赛中的经典解说词窥知一二。"亚昆塔,点球!点球!点球!格罗索立功了,格罗索立功了!这个点球是一个绝对理论上的决杀。绝对的死角,意大利队进入了八强!胜利属于意大利,属于格罗索,属于卡纳瓦罗,属于赞布罗塔,属于布冯,属于马尔蒂尼,属于所有热爱意大利足球的人!"在这组解说词中,尽管解说员使用了排比句式,但是多为简短的略显重复的词汇累加。

四、本书的立场

　　这些不同研究视域对语言范畴的界定和概括为体育语言基本范畴的提出和廓定提供了借鉴意义。我们认为,作为社会语言学之一种,体育语言基本范畴更多倾向于从社会认知和解决社会生活中的问题入手,既不能远离纯粹(纯理)语言学的规范要求,又要借鉴认知语言学、行为语言学、生态语言学、心理语言学以及人类语言学等的研究思路,更要借鉴社会语言学尤其是系统功能语言学的研究路径。在学者看来,"系统功能语言学无论从它自身的普遍性还是从适用性和实用性角度来看,其终究都是解决语言和社会的关系问题。它为我们提供了一种思考问题的方式、一个分析问题的框架和解决问题的模式。"①

　　不同场合、不同主体、不同对象,所使用的体育语言、体育话语、体育词汇都将成为我们要关注和分析的对象。既然如此我们认为,体育语言是人们在体育活动开展过程中所使用的有别于其他领域的独特的语言分支系统。体育语言是受一定的自然人文生态环境、政治经济文化因素等影响而产生和演绎的,反过来,它亦会影响体育语言系统的整体发展及其外在体育环境的质量和品质。

　　根据不同的划分标准,体育语言可以划分为不同的类型。因为我们将在下文专章节论述,此处只简单列述。按照其表达形式,体育语言可以分体育口语、体育书面语。按照其规格和使用状况,体育语言可以分为体育术语、体育俚语、体育熟语和体育缩略语。按照其滋生背景和外在关联,体育语言可分为体育文化语言、体育政治语言、体育经济语言、体育法律语言等。按照使用主体不同,体育语言可以分为大众体育语言、官方体育语言、媒体体育语言。按照发生空间不同,体育语言又可以分为现场体育语言和网络体育语言。按照语言性质,体育语言又可以分为体育文雅

---

① 辛志英、黄国文:《系统功能语言学研究方法论》,《外语研究》2010 年第 5 期,第 1—5 页。

语言和体育有伤风化语言。按照使用场域不同,体育语言可以分为竞技体育语言、社会体育语言和学校体育语言。而在具体体育语言的分支系统中又可以进一步划分体育语言微系统。例如,竞技体育语言分支系统可以划分为运动员语言、裁判语言、解说员语言、教练员语言等。

第二节　体育语言类别

　　从古罗马体育到现代体育,人类体育活动已经发展数千年,其已经成型并具有广泛影响力和参与度。在这期间,大众体育与专业体育、竞技体育与社会体育出现分野,体育专业化和职业化运动又催生了诸多新型体育项目,由此,势必产生诸多新生体育语言。如上文所述,体育语言可以在不同情势下分为不同的类别。不过,体育活动的本质关联决定了诸多体育语言类别之间的不可能决然分清。例如,体育书面语言往往就是体育官方语言的主要表达形式,体育俚语也往往表现为体育口语化,体育术语则既可以表现为体育口语也可以表现为体育书面语言。

　　对于体育语言的划分,有人进行了专门性的研究。上个世纪 90 年代,金雁群从语言学和体育学交叉研究的角度对体育语言学展开了较为细致的研究,他认为体育语言学是体育学科和语言学交叉、渗透而形成的一门边缘学科,它由体育学科和语言学共同孕育,主要研究在体育范畴内体育规律的学科。他将体育语言分为体育教学语言、体育书面语言、表情语言、颜色语言、音乐语言、标志语言和交际语言,其中在交际语言中谈到了解说语言和裁判用语,讨论了解说和裁判用语的使用语言、表情和手势以及语态。[①]

　　不过,该书主要为了体育教学活动开展,所以其重点分析的是体育教学语言或者是在体育教学活动中所使用的体育语言类型。我们认为,还

---

① 陈玮:《体育语域语料库的研制及其赛事词汇研究》,南京师范大学硕士学位论文 2007 年度,第 2 页。

应当将体育语言的使用领域进行扩展,既包括学校体育领域,也要包括竞技体育领域、社会体育领域,既包括国内体育领域,还要包括国际体育领域。换言之,人们应当将考察视野转向更为广阔的体育空间,去寻找更多的体育语言类型。既如此,体育语言类型势必多样,本书只是在大概的轮廓下对体育语言进行类别划分,并且选择几种自认为比较重要的类型进行描述。

一、体育口语、体育书面语言和体育符号语言

体育活动的现场性和实践性决定体育口语大量存在。实际上无论是足球赛等竞技体育还是广场舞等社会大众体育,现场的交流和沟通大多以口语的方式出现。当然其中自然有比较正式的语言表达,比如裁判在现场对比赛规则的口述和口令式的表达,体育活动导游员在体育场馆或者活动现场所运用的体育导游口语,运动员与教练员之间的运用体育专业词汇的交流。非专业或者不甚专业的体育口语如体育解说员夹带体育专业词汇和体育俚语的解说语言,体育看台或者围观的体育观众的非专业的涉及体育知识的交流。凡此种种,体育口语已然成为重要的体育语言表现形式。由此可见,在现实体育活动中和体育交流中,体育口语可以通过体育口令、体育俚语、体育口头禅等形式表现出来。人们也注意到体育口语这一体育语言形式的重要性,开始整理相关的体育口语以利于体育口语的规范化和集约化,更在于促进体育项目的开展和体育者之间的交流与沟通。①

与体育口语使用者多为运动员、教练员、裁判员、解说员、观众的现场述说不一样,体育书面语言多为立法机关、行政机构、司法机关、体育社

① 相关成果如宁翠叶:《体育英语口语》,复旦大学出版 2015 年版。该书主要整理了奥运英语,体育项目英语和运动员日常使用英语。虽然稍显可惜的是,这一成果主要整理了英语世界的体育口语,但鉴于体育活动的相通性,其中一些描述和整理亦有利于中文世界和其他语言世界的借鉴。此外,有的高校的体育学院还专门开设了体育口语这一课程来促成学生对体育口语系统知识的掌握。

团、媒体、体育活动相对人等用以行使体育行政权、司法权、管理权、报道权、体育参与权等用文字表示的正式体育语言。具体如体育规则、体育合同（协议）、体育新闻报道、体育政策文件、体育仲裁、体育法律法规、体育司法裁判文书等等都是以书面形式表现语言内容的体育书面语。这些都不宜使用或者尽可能避免使用口语化和肢体化的语言表达方式，更宜使用体育书面语言。

当然，在这些具体体育语言表现形式上，有些文字要求更高，如体育法律法规及体育仲裁和司法文书需要字斟句酌，而体育报道和新闻传播则相对随性一些。当然，与体育解说语和体育俚语等灵活生动比较，体育书面语因为严谨而略显呆板、机械、生硬。不过基于现代体育市场化、专业化、国际化和法治化需求，人们在进行体育外交、制定体育法规、签订体育合同、裁定体育纠纷、宣读体育规则、制定体育组织章程、撰写体育论文时，必须使用成熟和符合一定规则的体育书面语言。

与体育口语、体育书面语相较，体育肢体语言的产生时间更早。在另外层面上，人们也称肢体语言为身体语言，或者将其视为身体语言的一部分。其认为，相较于口语，身体语言是一种无声的语言。从广义来讲，人类整个身体动作都是"身"的范围。[①] 如果认可体育起源于人类劳动和嬉戏，那么在人类还不能熟练系统使用体育口语的时候（即便有原始的体育口语也是零散的只言片语式的），体育肢体语言就开始运用了。而且，在体育活动尤其在人员众多的体育活动现场，体育肢体语言有更为广阔的生存空间。正如有研究者所言："体育语言是在体育的发展过程中逐渐形成的，并呈现出一种统一的世界性语言，而且它是一种真正的世界性语言。不管哪个国家或民族的人，不管白人还是黑人或黄种人，不管具有什么样的信仰，不管说何种语言，但都懂一定的体育语言。观众对运动员在运动场上的每一个动作、裁判员的每一个手势或评判，都会做出自己基本正确的评价。他们为运动员的出色表演而欢呼，也为运动员的失误而叹气；他们为裁判的及时、果断的正确判断而感叹，也因裁判的

---

① 周永辉：《一眼看穿人心：破解身体语言密码》，中国经济出版社 2011 年版，第 5 页。

失误或偏袒而表示失望。可以说,观众已经是出色的评判员。为什么呢?因为他们懂体育语言。"①此处所言的全世界都懂的一定的体育语言其实更多的是指体育肢体语言,因为其所描述的没有口语化,更多的是一种肢体动作,而且该著述这一节的标题就是《体育的肢体语言是一种世界性的语言文化》。

体育肢体语言一方面表现为体育活动场域中人们之间交流的语言,它是相对于体育口语和书面语而言的。在另外一个更为重要的层面,体育肢体语言就是体育活动本身。许多体育项目或者体育技艺本就是通过肢体语言表现出来,或者说,这些体育活动就是在用人类身体和肢体说话,在用身体的美述说体育的美,用肢体的张力阐释体育的张力,用身体的魅力表现体育的魅力。不管是张扬暴力美学的格斗、角斗、笼中斗,还是展现身体柔美和扩张力的体操、舞蹈、跳水、艺术体操,都是需要通过身体述说故事和传递身体的美。

正如体育美学研究者所指出的那样,"体育美学关于形式美的关注,始终影响着竞技体育的现实生存发展和未来价值取向",而肢体的美是体育美中最基本也是最重要的美。体操、舞蹈等体育项目的美感在于向人们展示人类身体的线条,而"线条是形式美的最基本的符号语言"。其中女子体操、舞蹈以及艺术体操中身体的玲珑多姿和柔美是要通过身体的曲线表现出来。"曲线包括波纹线、螺旋线、抛物线等等类型。它是动点在空间逐渐变化方向运动形成的轨迹。曲线的优点是容易产生流动、变化、柔和、轻巧、优美,较之于直线更容易取悦人们的视觉。有规律的曲线具有特殊的节奏感,足以引起人们情感的活动。曲线是最具有表现力的造型符号元素,例如:英国画家迦兹偏爱波纹线,德国艺术史学家文克尔曼钟情于椭圆曲线。人体曲线被多数艺术家所喜欢。"②

体育肢体语言只是体育符号语言之一种,它主要有运动员与教练员之间的肢体交流语言,运动员之间表明技巧战术意图或者发泄情绪的肢

---

① 薛有才:《体育文化学》,航空工业出版社 2013 年版,第 41—42 页。
② 吴志强:《体育活动过程的审美阐释》,北京体育大学出版社 2007 年版,第 95—96 页。

体表达，裁判员通过手势或者口型等向运动员的传情达意，观众通过肢体对运动员或者运动队伍临场发挥和战绩的表情传递，等等。此外彩旗、哨音、红黄牌等也被引入体育活动成为体育辅助符号语言，而现代体育逐步引入了现代元素，借用一些现代工业和科技产品介入赛事成为一种体育符号语言。诸如，发令枪引入现代田径赛事，红黄灯引入赛车运动，计时器引入围棋比赛，如此等等。

只是体育大众化和社会化进程推进了体育口语、体育肢体语言和体育书面语言三者之间的联合与融通。也就说，单纯的一种体育语言表现方式并不常见。事实上，体育口语不再仅仅表现为口口相传，为了增加体育知识的普及和记忆，以体育俚语、体育俗语、体育解说词等为主的体育口语也会通过书面的方式记录并固定下来。在这一途径上，体育肢体语言亦演绎着大致相似的趋势，体育肢体语言不仅可以通过体育口语准确的表达出来，还正在通过体育书面语言的方式被翻译和记录下来。在相反的方向上，同样因为普及的需要，一些记载体育规则、法规等内容的体育书面语言不断地被宣读和讲解，并且在可能的情况下（譬如针对聋哑人的肢体语言的解读，再如体育舞蹈中的形体解读等），通过体育肢体语言表现出来。

二、体育文明语言与体育有伤风化语言

依附于人类文明，体育发展史也是人类文明史的重要组成部分。不可否认，体育技艺是一种人类文明，因而体育语言很大程度上是文明的、文雅的。不过有普遍就有例外。某些体育活动特别是竞技运动往往表现为一种暴力美学，甚至有时候、在某种特定情境下，体育项目的开展是建立在对身体的摧残基础之上的。加之人们对体育欣赏的视角并不一致，导致一些体育项目可能出现异化的现象。这种异化现象不仅仅体现出一种迎合某类人的癖好而对项目进行一些特殊改进，还可能为了凸显人类荷尔蒙的释放，而出现参与人（包括观众）行为举止异样甚至失控的局面。在这样的体育场景中，很难保障体育仍然是一种文明；在

这样的场景中更难保障人们使用的体育语言都是文明的、文雅的。故此,有健康体育、文明体育,就有不入流的、不合规甚至是低俗的体育。在文明的、文雅的体育领域和体育活动场合自然会派生文明的体育语言,而在低俗的体育领域和体育活动场合就滋生低俗的、有伤风化的体育语言。

合乎规范的、高雅文明的体育用语自然是体育语言系统的主体部分,虽然体育有伤风化语言不入流,但也成为不可忽视的体育语言系统中的异质性群体,理应成为研究体育语言不可忽视的部分。此处笔者提出并试图解析这一体育语言现象。

如上文所述,体育领域中,人们表达观点、交流思想有两种方式,一是有声体育语言,主要表现为体育口语,一是无声却有形的体育语言,主要表现为体育肢体语言和体育书面语言。在低俗或者鱼龙混杂的体育活动场合,比如,地下或者黑市拳击赛,一些人亦通过口语、书面语和肢体语言来创制体育有伤风化语言。

在有些研究者看来,体育有伤风化语言又可以称之体育"流氓"话语,或者说,体育"流氓"话语是标志性的体育有伤风化语言。一般认为,街痞话语、犬儒话语、厚黑话语、下半身话语和先锋话语等,为当代流氓话语的基本形态勾勒了轮廓。[1] 而体育学者石岩教授则认为,流氓话语是指运用污秽的字词或与性器官、性行为和受话者长辈有关的字词来辱骂、谩骂他人,以达到宣泄情绪和伤害他人身心的行为。[2] 作为一种特定的情境,体育运动迸发的激情更容易转化为亢奋甚至愤懑,因此,有伤风化的话语往往带有强烈的攻击性。

石岩教授的研究视角更多地驻足足球领域,因而他描述的是足球流氓及其话语。事实上,足球的竞赛性质制造了大批臭名昭著的足球流氓。这些流氓分布在世界各地足球赛场,无问西东,已然形成一定的规模,严重影响了体育生态。不仅于此,流氓的身影和行径几乎蔓延到各个体育

---

[1] 朱大可:《流氓的盛宴:当代中国的流氓叙事》,新星出版社2006年版,第89页。

[2] 石岩、范冬梅:《中国式球场观众流氓话语分析及应对策略》,《体育科学》2010年第8期,第27—34页。

领域,使得体育流氓上升为学术命题。体育流氓及其暴力行径早已进入研究者的视野。"一名社会学家这样写道。他思考了从马金兹手法,到体育流氓行为的三十种暴力。"①正如体育流氓的一切行径一样,具有强烈的带有破坏性的反传统、反秩序之功效。朱大可认为:"流氓的秘密绝不是它对于道德和权力的公开颠覆,而是对于话语的秘密征服。丧失了身份的人们与前意识形态发生了广泛的断裂。言说的属性被悄然改变了。一种与秩序话语截然不同的语法开始启动,试图喊出一种离经叛道的声音。"②体育领域中的流氓及其话语具有更为强烈的叛逆性和冲击力。

口头上的体育有伤风化语言分为低俗口头禅、讽刺、辱骂、诅咒、歧视等不同类型。

低俗口头禅往往带有浓烈的个体特征,一般与个体的年龄与修养有关。比如,一些观众看见运动员表现拙劣时大骂其为"傻×",人们有时甚至能通过球场扩音器清晰听到球员扣篮不进时大吼一声"我靠"。讽刺、辱骂、咒骂成为体育运动中的"灰色风景"。其中既有针对某一运动员的如"猴子""娘们"等,也有针对整个运动队甚至对方球迷的,如互联网上传播的辱骂某球队和其球迷的音频。运动场上,"Fuck""Bitch""妈的"等各国"国骂"和"二×""呆×""黑驴"等各地"特色骂"不绝于耳。运动员也竭尽所能,互喷垃圾话,羞辱对方,意图在精神和肉体上摧垮对方。

低俗口头禅、讽刺、辱骂、咒骂因带有攻击性和指向性而容易招致冲突,引发较为严重的后果。与之相较,体育中的歧视更容易上升为一种肤色、地域、种族、宗教、民族之争,从而制造更大的事端。个体之间的种族歧视极可能会涉嫌违法犯罪,比如阿根廷球员德萨巴托面对对方球员时的一句"黑鬼"让其付出了在监狱待了近 40 个小时,交 3878 美元保释金,面临诽谤罪控诉的代价。球迷的集体种族歧视则可能会引发大规模的体育暴力。2012 年欧联杯比赛中,热刺客战拉齐奥,拉齐奥球迷在比赛时高唱:"犹太人,热刺;犹太人,热刺。"这一带有种族歧视的流氓话语引发

---

① ［美］拉塞尔·雅各比:《杀戮欲:西方文化中的暴力根源》,姚建彬译,商务印书馆 2013 年版,第 7 页。
② 朱大可:《流氓的盛宴:当代中国的流氓叙事》,新星出版社 2006 年版,第 89 页。

了赛后的流血事件,其中 1 名热刺球迷颈部被捅,伤势严重。

有伤风化话语还可以通过标语和图示等书面形式表现出来。比起体育口语,体育书面语言(此处的书面语言主要表现为一种简短的横幅、标语、图示等方式)具有一定的稳定性和显示度,在人声鼎沸的赛场内外,书面语言运用起来似乎更为有效,而带有挑衅性和暴虐性的体育标语更容易彰显体育流氓情结。挑衅(provocation):意为蓄意挑起争端;暴虐(brutal):意为残暴酷虐,比挑衅在情绪表达方面更为强烈,更具侵害性[①],因而制造的恶劣影响有时更为严重。2013 年中超联赛青岛客战鲁能就因为"干死中能,干死青岛"这些挑衅与暴虐兼备的标语而引发了两队球迷的流血事件。2012 年欧洲杯小组赛则因为俄罗斯球迷打出政治标语"攻陷华沙"而引起了俄波两国球迷之间的暴力冲突。

体育有伤风化行为所借用的某些肢体语言含有特殊的淫秽和侮辱之意。其中有些体育肢体语言如"竖中指"或"直指裆部"带有强烈的性色彩,"摇手指"则代表了轻蔑与侮辱(当然对特定场合或特定的人而言,可能带有另外一种含义,如原 NBA 球员穆托姆博的摇手指动作);有些则带有一定的地域色彩,比如"打伞"手势在意大利是"国骂"的肢体语言。

与体育口语和体育书面语言相较,有伤风化的体育肢体语言产生的视觉冲击力更强。哪怕一个简单摇手指动作,都可能引发一场球场暴力。例如,在 2012—2013 赛季 CBA 联赛中,某球队的某位球员冲着另一球队的某外援摇手指,就吃到了后者的肘击。而在意大利一场联赛中,那不勒斯的球员主罚点球成功后,对观众做了一个"打伞"动作,使得愤怒的球迷赛后冲进球场。当值裁判被直升机救走,那不勒斯球员则躲在更衣室,直到身穿防弹衣坐上警车才得以安全离开。

三、官方体育语言、民间体育语言和媒体体育语言

这种划分主要以体育语言的表达主体为依据。官方体育语言的表达

---

① 孙继龙、石岩:《赛场看台体育标语研究》,《中国体育科技》2010 年第 6 期,第 90—97 页。

或发布者多为立法机关、体育行政主管机关、全国性的体育社团组织、体育仲裁机构、司法机关等。

与体育相关的法律文件是一种最为规范的官方体育语言,它成为体育领域的行业准则和活动指引。如《中华人民共和国体育法》是我国的一项基本法律,成为我国体育活动开展的规范指引。不仅现代,有研究者认为,古代就有关于体育的法律规范,采用官方之法言法语的形式对当时的体育活动作出规范。如其所言,"罗马法有多么发达,罗马体育法就有多么发达;罗马法在古代法制史上占据着多么重要的地位,罗马体育法就在古代体育法的发展史上占据着多么重要的地位。罗马体育法采用了大量的法言法语,如监护、意外事件、过错、不法等。"①相关体育法律的立法机关不仅可以通过制定基本法律的方式表述体育官方意思,还可以通过立法解释的方式予以补充。至于各地方立法机构出台的关于体育方面的地方性法律,自然也是一种低层级的官方表达,应当列入体育官方语言序列。与之对应,司法机关以遵循相关体育法律的方式在体育纠纷的调解与诉讼中对体育法律语言予以应用和进一步阐释。这种体育司法语言还可以划分为更为细小的分支,如调解书和裁判书等司法文书会以书面语言的方式出现,而更多的法言法语则会通过调解和诉讼参与人的口头表达的形式出现。

体育行政机构主要通过行政法规的形式呈现体育语言。在此方面,我国的体育行政法规因为地域、层级的现实而呈现繁杂多样的特征,其中以国务院及其下属国家体育总局发布的行政法规为最权威的官方表达。即便如此也因为涉及多种体育领域而体系庞大,略举例说明一下。譬如国家为了开展群众性体育锻炼达标活动,发布《劳动与卫国体育制度》,国家体委随之公布《国家体育锻炼标准实施办法》;再如国家制定《中小学体育暂行规定》《高等学校体育暂行规定》,在此指引下国家体育总局出台《学校体育工作条例》,如此等等不一而足。虽然这些体育行政法规无法和体育基本法律在位阶上相提并论,但也可以算作广义上的法律。体育

---

① 赵毅:《罗马体育法要论》,法律出版社 2017 年版,第 16 页。

行政机构不仅可以通过行政法规和行政规章等方式表达体育官方话语，还可以通过行政命令的方式予以实现。体育行政命令既可以通过书面语言的形式，也可以通过口语传达，甚至在某些特定场合体育行政首长乃至其他领域的行政首长的相关体育的命令、意见、政策解读、训示、讲话等都可以视为体育语言的一种官方表达。当然绝大多数情形下，体育语言的官方话语是以书面方式呈现的。

全国性的体育社团、体育法人，譬如中国足协、中国篮协等，其组织章程虽然不算是法律文件，但其作为规定体育社团的宗旨、组织原则和管理办法等事项的重要规范性文件，也是其整个行业准则的官方表达，对于这一行业而言，至少起到技术上的指引和纪律上的约束功能。故此一般而言，体育社团法人章程等规范性文件作为此类体育官方语言的重要渊源。此外，体育社团中具有权威性的技术裁决者或者具有一定地位身份的负责人的讲话、命令、技术解读、发言等也往往具有体育语言的官方功效。

体育外交辞令是体育语言官方表达的另一种重要的形式。也就是说，外交场合的体育语言和在体育活动中的外交辞令在绝大多数情形下都应当是一种体育官方语言。体育外交古已有之。我国早在唐朝就已经就马球等体育项目开展了外交活动。唐人封演所写的《封氏闻见记》中记载了李隆基 24 岁时参加了一次与吐蕃的马球赛。他挥动球杖，所向无敌，连连洞穿对手大门，大获全胜，为唐王朝第一次外交球赛赢得了胜利。[①] 随着体育活动在国家、民族间的融合速度加快，体育外交日渐成为活跃的全球化的体育行为。"体育作为一种世界性通俗文化活动，具有超越意识形态和文明的中性色彩，可以越过国际政治的障碍，为国家间相互理解和联系创造条件。"[②]

故此体育外交（Sportive Diplomacy）被誉为外交工作的"先行官""轻骑兵"。具体而言，体育外交是国家为了推行对外政策、实现外交目的，运

---

① 杨彦玲：《信不信由你：你可能不知道的 1000 个历史细节（唐代卷）（上册）》，时代文艺出版社 2010 年版，第 55 页。
② 文君：《公共外交与人文交流案例（第 1 辑）》，世界知识出版社 2013 年版，第 191 页。

用竞技比赛、体育文化交流、国际体育决策参与等体育手段进行对外交往的一系列活动。体育外交是国家整体外交活动的重要组成部分。[①] 体育外交辞令的发表者并非仅仅为国家政治团体，作为国际法主体的国际组织之间的交往同样涉及到对外交辞令的运用。而即便作为个人，如果具有一定的国际影响力，如一国领袖其在特定的体育外交场合所发表的演说等也成为体育外交语言的重要组成部分。此外体育外交辞令亦并非仅仅表现为书面语言，口头上甚至肢体上的话语同样应该被视为体育外交语言。譬如外交家乃至国家元首在出席体育场合运用足球、乒乓球或者其他体育技艺时所展现的体育肢体语言同样表现或者传递一种政治、经济讯号，从而成为体育外交语言的重要组成部分。

在体育政治外交场合探视体育外交语言只是停留在狭义角度，事实上在广义上，体育外交不仅仅是一种政治活动。虽然人们一谈到体育外交就联系到国家间的政治交流，一提到体育外交家就同时想到政治外交家，其实，毕竟体育就是体育，它可以发挥一定的政治功效，但是与之相较，体育在开拓一国商业疆界和开展国家间的经济贸易时，或许作用更大。换言之体育外交理应包括其他诸如经济外交、军事外交、文化外交、科技外交等外交活动。

而且体育外交不仅仅限定在国家民族层面，不同国际人士和体育爱好者之间的民间交流又何尝不是体育外交的一部分。正如学者指出："体育外交实质是人文外交，即体育人文外交。根据行为体的不同，在人文外交领域也存在 3 个不同的外交类型，即政府间外交、公共外交、民间外交。"[②]由此，体育外交除了政府及体育外交家所发动的交往之外，还包括体育组织和体育团体与其他国家地区和国际组织之间的公共交往，以及体育民间人士个人发起的超越国别的体育活动交往。在上述所言的这些外交活动中亦会使用和制造异彩纷呈的体育外交语言。

当然也就由此引出体育外交语言的非官方形态，主要是体育公共外

---

① 刘桂海：《体育政治化研究》，上海社会科学院出版社 2015 年版，第 227—228 页。

② 杨桦、刘青：《转变政府职能大力发展体育社会组织》，北京体育大学出版社 2015 年版，第 322 页。

交和体育民间外交中产生和运用的语言形式。当然体育外交语言中的民间语言形态只是体育民间语言之一部分,甚至只是一小部分。大量的民间体育语言活跃在其他的体育活动和体育领域之中。而完成官方体育语言的普及以及其与民间体育语言的沟通往往需要借助于媒体的力量,由此引出媒体体育语言之第三种体育语言样态。

人们无需为媒体体育语言是否存在以及如此称谓是否妥当而纠结,事实上就此早有研究者予以纾解。有研究者认为,媒体体育语言是语言"约定俗成"的结果,一种十分正常的语言现象,并且有律可循。我们只有以敞开的心态,宽容的胸襟迎接和笑纳来自于学术界不同领域的一些前沿知识,在这方面进行更多的有益的尝试,才能避免陷入教条主义和理论上的固步自封,从而正确认识和处理媒体体育语言问题。①

媒体语言是语言和媒体相结合,在传播中形成的,具有与其他领域语言不同的特征。媒体的多样化,促使语言方式的多样化。② 媒体语言从不同视角可以有不同的分类方式。按媒体划分,可分为报刊语言、广播语言、电视语言、网络语言等。按文体划分,可分为新闻语言、评论语言、通讯语言、文艺语言、广告语言等。按语言传播样式划分,可分为有声语言和文字语言等。按语言表达样式划分,可分为宣读式、评述式、播报式、谈话式等。其中播音语言又可分为口播语言、配音语言、采访语言、主持语言等。口播语言又可以分为新闻口播和综艺口播等。配音语言又可以分为新闻片配音、专题片配音、给专题片中人物配音等等。③

以此而言,媒体体育语言或称体育媒体语言,是媒体与体育语言的结合或者体育语言经媒体传播而形成,是一种兼具体育与媒体双重特殊性质的一种更为特别的语言形态。媒体体育语言的出现极大丰富了体育语言系统分支,同时也极大扩展了体育语言的社会功能。根据对体育领域的介入或者渗透的现代媒体种类,目前主要存在的媒体体育语言有报刊

---

① 张庭华等:《走出体育语言——从语言学界的共识看媒体体育语言现象》,《体育文化导刊》2007年第7期,第50—53页。
② 于根元:《应用语言学的历史及理论》,商务印书馆2009年版,第171页。
③ 童之侠:《当代应用语言学》,中国传媒大学出版社2016年版,第145页。

体育语言、广播体育语言、电视体育语言、电影体育语言、网络体育语言等。而按照文体划分,媒体体育语言家族又可划分为体育新闻语言、体育评论语言、体育通讯语言、体育文艺语言、体育广告语言。体育新闻语言是用于传播最新体育新闻,体育评论语言用于评论体育新闻及其他体育事件,体育文艺语言在于通过一种文艺形式表达体育活动,体育广告语言则是体育商业化的最直接产物,同时也成为推进体育市场化和国际化的最直接的平台。不同文体的体育语言形式既可以通过各种媒体介质出现,亦可以负载于任何一种媒体介质之上,如此形成错综复杂的媒体体育语言品种。

不同媒体体育语言的形成环境和使用状况因不同种类而又有所不同。譬如相较于宣读式的媒体体育语言,为了增加听众和观众对体育比赛的感知力,更为了应对异彩纷呈的比赛画面,体育解说语就活泼灵动得多。为了增加语体色彩和语言的生动性,体育解说语中就需要大量使用修辞等手法。就此亦有学者进行了总结:“体育解说语言作为体育语言的一个口头语分支,与书面语相比,能传达更丰富的含义,对隐喻和转喻的运用更为丰富、灵活、巧妙;其对比赛的实况描述也比书面语中的隐喻和转喻更为贴切,能更好地和比赛现场相结合,比书面语有更强的生命力;其对于隐喻和转喻的运用也更不拘一格,生动传神。”①其他种类媒体体育语言亦各具特色,限于篇幅,不再一一评述。

在官方体育语言和民间体育语言之外还要划分出媒体体育语言之一类,并非标新立异,因为就使用主体而言,媒体体育语言的确与上述两种体育语言形态有诸多不同之处。尽管与上述两种体育语言形态相较,媒体体育语言“亦正亦邪”,也就是说,媒体体育语言既有官方体育语言的正式性、规范性,又有民间体育语言的随意性和通俗性,既可以用宣读式、评述式、播报式等较为严肃的方式,也可以采用谈话式、问答式、演绎式等较为活泼的方式,只是因使用主体和场合之不同而有所变化而已。再者不

---

① 薛玉庄、吴晓红:《体育解说语中隐喻和转喻的研究》,《商丘职业技术学院学报》2015 年第 4 期,第 98—100 页。

同性质的媒体也会将其性质附加在其使用的体育语言之上,从而形成不同性质的媒体体育语言分支。譬如因为媒体有官方媒体和自媒体之分,官方媒体所使用的语言本身就是官方体育语言,自媒体虽然不排除使用官方体育语言,但其使用的绝大多数语言形态乃大众体育语言。或者更进一步而言,媒体语言在一定程度上起到衔接和接通官方语言和民间语言的桥梁作用。正如法律的目的是成为习惯,也就是成为人们的法律信仰一样,体育语言不管是官方的姿态还是作为一种专业术语,都需要最终进入民众的耳朵里、眼睛中,从而成为民众话语。换言之,体育语言是体育领域中用来交流或者用来向民众灌输体育思想、体育技艺、体育精神的,最终必须落位到民众之中,倘若其高高在上,严谨有余活泼不足,必然曲高和寡或者形同虚设。而在体育官方语言向体育民间语言、体育专业语言向体育大众语言转化的过程中,媒体的作用不容忽视,毋宁说在此过程中形成和运用的媒体体育语言就是一种涵摄官方与民间、专业与大众双重特质的独立体语言品种。亦故此,媒体体育语言有单独评析的必要。

媒体体育语言带有明显的地域性和人文性特征。不同国家和地域的人文环境和自然地理环境会影响体育媒体语言的特质。例如有研究者认为,在美国,媒体体育中是重视心理和身体上的攻击性。它将粗鲁、有侵略性和竞争描述为信仰和技巧的标志;将橄榄球中的擒抱描述为挤碎骨头的撞击;将篮球中的强烈的犯规描述为对对手的警告;将棒球中的后刷场地描述为在后跟上粘上糊状物。甚至午夜新闻里的得分也充满了暴力形象:公牛队(Bulls)毁灭了尼克斯队(Knicks),杰特队(Jets)毁灭了海豚队(Dolphins),黑鹰剥了布鲁尼斯队(Brunis)的头皮,塞莱斯痛击了萨巴蒂尼等。得分开始听起来像战争中武力的结果!事实上,美国媒体体育的语言是暴力和战争的语言。[1] 对于这一现象,其他研究者也予以进一步认证,的确军队操练以及战争模拟也照例被称为"战争游戏"。在战争中,五角大楼公共关系官员有意识地培育体育词汇和影像。新闻发布会

---

① [美]杰·科克利:《体育社会学:议题与争议》(第6版),刘精明等译,清华大学出版社2003年版,第489页。

的设备与电视体育媒介用来进行赛前、赛后分析,以及对职业橄榄球队教练进行采访的设备极为相似。[①]

当然如上文所述,媒体成分复杂,既有官方媒体,亦有不同层级的自媒体,既有实体媒体,也有虚拟空间的网络媒体,加之管理上存在一定的疏漏,所以媒体体育语言也呈现随意性或者异化的现象。例如为了攫取眼球,许多自媒体本该关注场内,却将目光放至场外;本该关注体育运动本身,却更多时候将关注焦点放在某位体育明星身上,甚至只盯住运动员有没有上夜店,有没有换女友,有没有离婚等私生活,所以难以保证其使用的还是不是媒体体育语言,或者很难保证其所使用体育语言的准确性和规范性。

四、体育俚语、体育行话与体育术语

目前来看,与官方体育语言形成对应的就是民间体育语言。基于体育运动的全民性和趣味性,在民间体育语言所呈现出来的多样形态中,有体育俚语和体育行话两种形态值得关注。另外,与体育俚语、体育行话相关联或者对应的是体育术语,其也值得特别关注,又因为与上述两种体育语言形态有直接或者间接的关联和对应性,因而放在一处一并予以解析。

按照《现代汉语词典》的解释,俚语是粗俗的或者通行面极窄的方言词,如北京话里的"撒丫子"(放开步子跑)、"开瓢儿"(脑袋被打破)。[②] 在学者看来,"俚语主要体现了人们玩世不恭、逍遥不羁的心态,对人类的弱点采取的是一笑了之,置若罔闻的方式淡定处之。"[③]以此而言,体育俚语就是体育活动中创造并使用的带有体育活动开放特色或者能够反映体育活跃程度的民间话语。体育俚语类似于体育黑话,有时也会表现为体育

---

① ［美］苏·卡利·詹森:《批判的传播理论:权力、媒介、社会性别和科技》,曹晋等译,复旦大学出版社 2007 年版,第 277 页。

② 中国社会科学院语言研究所词典编辑室:《现代汉语词典(第 6 版)》,商务印书馆 2013 年版,第 794 页。

③ Spolsky B. Sociolinguistics. Shanghai Foreign Language Education Press. 2000:35 - 36.

口头禅。不同的体育项目有不同的俚语。例如拳击运动项目中,"出租汽车司机"这一俚语的意思是"水平不高的拳击手或者是白天还有其他兼职的业余拳击手"。如果不懂体育俚语则无法与他人形成有效沟通。

基于体育活动的开放性与活跃性,体育俚语不免带有粗犷乃至粗野的风格,有时带有讽刺意味或者挖苦性,例如上述的形容一个水平不高拳击手为"出租车司机",形容足球守门员无用则用"捕蝇器"(flieganfanger)一词,形容技术拙劣的球员则使用"乡巴佬"(rustico)一词,形容足球运动员为了在禁区内骗取点球而夸张表演使用"跳水"一词,形容篮球运动员运用身体碰撞骗取犯规得到罚篮机会使用"碰瓷"一词。当然体育俚语还具有其他诸如幽默或者通俗易懂等特征。所以有时候,体育俚语也可以表述为体育俗语。例如我国关于运动的俚语就通俗易懂还不失文雅,"饭后百步走,能活九十九","一日舞几舞,活到九十五","运动好比灵芝草",等等。当然,随着各种体育活动尤其是竞技运动的开展,也产生了一些令人印象深刻的体育俚语,例如当问及和对方比赛情形或者结果时,获胜或者占优一方可能描述"把对方按在地上摩擦"或者"将对方一顿胖揍"等。

不同地域、国别的体育俚语自然带有鲜明的地域和民族特点。例如有学者研究,美国体育俚语就带有修辞性、幽默性、委婉性等特征,并能够发挥调节人际关系、缓解压力、表达情感与态度等社会功能。在其看来,体育俚语的幽默有助于消除敌意,缓解摩擦,防止矛盾升级,甚至还能激励士气。比如把"hamburger"比喻成遍体鳞伤的拳击选手,想想剁碎的肉和膨胀的面包做成的汉堡,就像遍体鳞伤的拳击手一样,幽默又诙谐。[①]

行话就是行业的专门用语,是行业人内部交流又利于保密的一种语言。非本行业人大都听不懂,也不会用。[②] 行话的产生由来已久,用词根深蒂固,语言的交际环境固定,不同的行业、阶层已形成稳定的语域,古语有"隔行如隔山"的说法,指的就是行话的严密语域。旧时行话常常通过

---

① 林雪灵、张业廷、陈芳:《美国体育俚语的特点及社会功能研究》,《体育科技文献通报》2017 年第 4 期,第 114—115 页。
② 李祝:《辽阳民俗》,辽宁民族出版社 2015 年版,第 322 页。

隐语直接表现,行话在各行各业中都有独特的内容和表现力。行话的本质是为了分清行内行外,守住机密,防止行外人抢生意。行话除了口头用语,还可使用手势或动作,大多属商业用语。[①] 虽然有人认为"行业语受社会专业范围的限制,但不受地域的限制,同一行业的词语,不管天南海北,意义都一样"[②],但现代社会随着产业行当界限的模糊化,行话的外延也变得宽松起来。

　　不过总体而言,行话仍然主要是业内和界内人士交流所使用的语言,各行各业都有自己的行话,不懂得这行的行话就等于进不了门槛,即便进了门槛,也无法有效沟通与交流。在不同的场景和行当中,行话的表现形式及称谓有所不同。如学者认为,行话是指服务于由共同的兴趣、习惯、职业技能、知识、社会地位等联系起来的团体、集体的一种社会言语。(分为)有阶层行话、团体行话、职业行话以及其他行话。[③]

　　行话可以是口头表述,即口语,也可以是书面语言,还可以是肢体语言。另外,在正当行业、领域或者正式一些的场合,行话有时体现为一种术语或者专业用语。在非正规场合或者带有黑色、灰色领域、行当,行话有时类似于一种黑话、暗语,但行话又绝非等同于术语或者黑话。如上文所述,行话是各行各业的业内话,江湖话是社会(江湖)上交朋结友、从事社交活动的某些特殊语言,比如一般人说"朋友",江湖话则称之"哥们",一般人所言的"外行(不在行,门外汉)",江湖人士则称之为"黄混子"[④];而黑话是在中国封建社会时期,民间社会各种集团或群体,特别是秘密社会,出于各自文化习俗与交际需要,而创制的一些以遁辞隐义为特征的隐语。不少黑话与一些丑陋的行为、事物有关,透露着一股邪气,让人联想到罪恶。[⑤] 现在人们提到"黑话"一般意指土匪或者黑社会组织内部使用

---

① 武小军:《行话、网语:语言的反域化及语域模糊》,《西南民族大学学报(人文社科版)》2005年第 7 期,第 212—214 页。

② 黄伯荣、廖序东:《现代汉语(增订五版)(上册)》,高等教育出版社 2011 年版,第 252 页。

③ [白俄]瓦西里·杰尼索维奇·斯达林切诺克:《现代标准俄语》(上册),王海燕译,吉林大学出版社 2017 年版,第 97 页。

④ 北川县志编委办公室:《北川县志(社会风土志)》(初稿),1993 年,第 110 页。

⑤ 凌云:《现代汉语词汇研究》,湖北人民出版社 2011 年版,第 77 页。

的话。当然在广义上，江湖话、黑话也是行话之一种，但是行话和黑话仍然存在本质上的不同。

体育领域使用的语言即便低俗、隐秘，但也无法称之为体育黑话或者体育江湖话，也不能称之为体育隐语，对于这一类体育语言还是称之为体育行话为好。黑话过去为土匪现在为黑社会成员所使用的语言，而隐语是个别社会集团或者秘密组织内部人懂得并使用的特殊语言。①

体育行话是体育人士交流的用语。体育行话的形成大多是在体育运动中基于特定的情形或者结合特定的项目所形成的，因此如果不熟悉这一情形甚至不熟悉这一运动项目，那就称不上为业内人士，对于这一行话就会难以理解，从而无所适从，更无法融入话语体系。也就是说体育行话在各个不同的体育领域和体育项目中都会表现不同，所以即便是同为体育界内人士，也不一定是体育业内人士：之于足球，懂篮球的人仍然可能成为"门外汉"。比如精通足球运动专业术语和行话的人对于台球桌上的行话就不一定熟悉。台球运动里，如果球手（一般不称运动员，不像足球、体操、短跑等项目一般称运动员，这本身就算是一种体育行话）正要击打的球藏在黑八球后，就会出现不妙的情形，因为按照台球规则，黑八是不允许被顺便击打的。所以在台球运动中"黑八"这个词就成了处境不妙或者倒霉蛋的代名词。

在篮球运动中，一般一个职业运动队都有主力队员和替补队员构成，当比赛开打时，替补队员排排坐在替补席随时等待教练员的召唤，其中资历最浅的一个往往坐在替补席末端，而其正好与饮水机挨着，所以对这一队员，人们亲切又不失戏谑地称呼其为"饮水机管理员"。当然百度百科认为"饮水机管理员"一词发端于足球运动，现代泛指球类项目中的替补队员。故此当人们说到"饮水机管理员"这一体育行话时，就意指着某位队员资历尚浅，尚无法保障出场时间，即便其能够上场，也可能被对手戏谑为"菜鸟"。一般一位运动员的第一个赛季会被称为菜鸟赛季，而作为 NBA 中的菜鸟，在其第一个赛

① 黄伯荣、廖序东：《现代汉语（增订五版）（上册）》，高等教育出版社 2011 年版，第 252 页。

季往往会撞上"新秀墙"（表示遇到上升瓶颈期）。与"菜鸟"相对的自然就是球队"老大""头牌""一号人物"。在拳击等比赛中，对阵双方如果都是新手的话，其对阵往往被称为"菜鸟互啄"。体育运动员的诸多动作也被提炼为行话，如足球运动员拦截对方用"滑铲"，庆祝进球用"滑跪"。在另外一些球类项目中，运动员飞身救球以防球出界称之为"扑救"。运动员在某项领域取得非凡成特别是能够获得多有重量级别赛事的冠军会被称为"大满贯"运动员，如网球大满贯、乒乓球大满贯如此等等。

英语世界中，体育行话的运用更为广泛，这一点也被研究者注意到，并且进行了总结归纳，现简要记录于此："play the ball"现在理解是"打球，踢球"的意思，但这个行话是先来自美国的棒球场。据说过去美国人在棒球比赛前，裁判就会喊"play the ball，play the ball"，意思是提醒双方球员准备开始比赛。但渐渐地 play the ball 演变成"开始着手做某事或与别人合作"的意思。"warming—up"原来是"热身"的意思。现在泛指"做准备工作"；"kickoff"本来是足球行话，意思是"开踢、开始踢球"，后来泛指"开始"；而本来指"公平竞争的运动员精神"的"sportsmanship"，渐渐也成了报刊杂志上时常出现的"公平竞争"的意思；"draw"在体育比赛中是"平局、平分"的意思，用在其他地方也表示"势均力敌、不分胜负"。[①]

以此可见，体育行话不仅仅局限于体育领域，其已经逐步受到社会民众认知而步入其他领域的舞台，成为社会性的共同语。其他领域的行话亦呈现如此态势。正如学者所言："行话演变至今，绝大部分用语仍局限在有限的行业范围内，但有部分行话正逐步呈现反域化倾向。'茗''品茗''仙茗'等本为茶行用语，现广泛用于茶楼、酒店、度假村、农家乐、书报杂志、书法题名等处。"[②]

重点叙述民间体育语言的体育俚语和体育行话两种形态，并非表示

---

① 翁云凯：《时尚英语主题阅读》（报刊文摘篇），中国石化出版社 2007 年版，第 49 页。
② 武小军：《行话、网语：语言的反域化及语域模糊》，《西南民族大学学报（人文社科版）》2005 年第 7 期，第 212—214 页。

体育民间语言只有这两种形态,恰恰不是,人们在参与体育活动乃至在观看体育比赛中所使用的体育语言中包含着大量的体育规范用语,甚至有时,一些体育观众能够精准使用一些体育专业术语,展现出民间体育人士对体育项目和体育活动的专业认知水平。再者体育行话无法等同于更无法涵盖体育专业术语,虽然在一定程度上体育行话是以体育专业术语的形式表现出来,否则行话也就成为外行话、边缘话。与体育行话相较,体育术语显得更为专业与隆重,更为重要的是,在一定程度上体育术语在体育界是相通的。

只是给"术语"这一概念进行界定就很困难,而且在相当长时间,人们将"术语"等同于"名词"。以此而言,体育术语又可谓之为体育名词。不过大致上人们认可术语是一种语言系统,并且涵盖专业化特征。正如我国术语学者冯志伟认为,"通过语音或文字来表达或限定专业概念的约定性符号,叫作术语。"①语言学家郑述谱教授则认为,术语是凝集一个学科系统知识的关键词。②

关于体育术语,研究者认为,它是在体育学范畴中,用以表示特定概念以区别于其他事物的语言符号。③ 尽管这一概念缺失体育术语的系统性特征,显得过于单调,但也凸显了体育术语的特定性。与体育俚语和体育行话相比较,体育术语不能仅仅从专业性上识别,因为正如上文所述,谁能说体育俚语和体育行话不专业呢? 或许能够区别体育术语与其他两种主要体育语言的显著特征就是其正式性与规范性。体育俚语和体育行话往往是以体育口语和体育肢体语言的方式表现出来,体育术语在更多情形下是以体育书面语的方式呈现出来。当然并非绝对,事实上体育术语在教练员的临场指挥中往往是通过体育肢体语言和体育口语的方式而不完全是通过战术板或者报告书的方式呈现出来。

---

① 冯志伟:《现代术语学引论(增订本)》,商务印书馆 2011 年版,第 24 页。
② 郑述谱:《试论术语的定义》,载于刘青主编《国术语学研究与探索》,商务印书馆 2010 年版,第 144—167 页。
③ 梁思宇:《我国体育术语的标准化研究》,《运动》2016 年第 11 期,第 145—146 页。

在体育语言属性上出现过其究竟属于专业话语还是民众语言之争，有人认为，体育活动是一项专门性活动，从事这项专业活动的人们使用的是特定的专业语言，也就是叫作科学语言的那种语言。这是一种由受过专业知识和技能训练的具有相当专业学识素养的专业人员使用的语言，是对特定的研究对象进行系统的分析研究，探求其本质、发展规律、可用价值及方法的系统性理论语言。其根本特征就是自己具有一套专属于自己学科领域的概念体系，这里的概念类似于物理学的概念，就是严格限定、清晰划界、完全封闭的这样一种概念。我们的体育和运动竞技的学术活动，也属于专业知识领域的活动，这个专业活动领域使用的是以专门的语言表达手段为特征的语言，包括使用专业特有的概念（术语）和词语搭配惯例构成的语言，它使用的概念属于科学概念。[①] 也有人认为由于体育是多本质而非单一本质的，所以体育语言受制于自然语言逻辑，对体育概念的不同定义来源于人们参与体育运动时的"约定俗成"。体育语言问题所涉及的都是日常生活中的一些现实问题，因此它需要运用"自然语言逻辑"的方法来解决。[②]

我们认为随着体育社会化的开展，体育已经成为人类社会生活不可分割的一部分，因而必然伴随着体育术语泛化的现象。这种泛化不仅仅体现在体育圈内的不同项目之间的术语串联，更体现在社会其他领域对体育术语的语义假借。促成这种泛化的具体原因多样，有人总结主要有三个方面的原因：一是体育文化事业的蓬勃发展；二是语言使用者追求新奇的语用心理；三是语言系统自身调节的需要。[③] 不过如此一来也就意味着体育术语已经出现了体育语言大众化的转向。换言之体育术语已经和体育大众话语呈现融合之势，在此过程中也意味着民众在一定程度上完成了对体育术语的改造。

---

① 韩丹：《说"家族相似"、体育语言和体育概念》，《体育与科学》2007 年第 4 期，第 47—53 页。
② 张庭华等：《论体育语言与逻辑思维》，《海南师范大学学报（自然科学版）》2007 年第 2 期，第 188—192 页。
③ 杜璇：《体育术语泛化分析》，《湖北职业技术学院学报》2015 年第 3 期，第 53—55 页。

第三节　影响体育语言的因素

　　语言从来都不是个人的事情,它是全人类的。在根本上,语言是人类社会的衍生物,同时它又是人类社会的推进器。以此而言,语言是极复杂的社会现象。之所以复杂,仅就其产生和发展的原因来看,其中既有人类个体的原因,更主要的是社会原因。不同的自然地理环境、不同的人文环境、不同的民族、不同的文化背景都会对语言形成深刻的影响。以至于离开这些因素,就无法解释人类语言会存在不同的语系,而离开世界性和社会性,更无法解释不同语系之间能够融会贯通,形成独一无二却机理相同的人类语言整体系统。追根溯源的话,语言是伴随着人类一起在劳动的条件下创造出来的,因而可以说,劳动是语言产生的最原始的根源。正如有学者所说,人类祖先类人猿在一起劳动的时候,他们之间就是靠着这样简单的声音互相交流的。这也就是语言产生的根源。也可以说是群体劳动提供了语言产生的条件,也推动了语言的产生。①

　　与人类语言一样,体育语言的最初根源也在于劳动,劳动创造了人本身,包括人的身体运动及语言表达方式。上文已经表明,体育运动本质上毋宁说就是劳动的一种方式。劳动中的语言方式就是体育语言的表达方式。此外,对于体育语言来说,大致而言,不管是世界语言,还是民族语言,不管是国际语言,还是区域语言,都无一例外地受制于历史传统、自然环境、文化、政治、经济、法律等诸多因素,或者换言之,上述诸因素也是影响体育语言产生与发展的根源。

　　但语言又是个体的,也就是说语言具有鲜明的个体特征。对于个体语言表达而言,生长环境、年龄、受教育程度、学识、修养、身份、地位等等都会成为影响因素。这一点在体育语言中同样存在。譬如同样是体育解说员,不同领域的解说员解说风格迥然相异。长期解说斯诺克的解说员

① 陈静:《语言魅力与文学欣赏》,光明日报出版社 2016 年版,第 37 页。

就很难解说男子足球世界杯或者拳击比赛。即便同一项目的解说员，也会因人而异，宋世雄和韩乔生的解说风格就大不相同。这一点也被一些学者关注到："人的年龄、人的心情都能成为影响语言的因素。一个人到了老年时代总要比少年时候显得成熟，因而语言显得稳重而含蓄，一个平时风趣幽默、妙语连珠的人在心情不好时也难得让他说出几句诙谐的话来。如此等等，不一而足。"①

一、影响体育语言的自然因素

环境决定论者认为，自然环境决定着生物的进化方向与进化程度，自然条件是人类社会发展的决定因素。② 此论虽然有失偏颇，但也绝非全然没有道理。而且结合经典作家的劳动决定论，也会发现，自然环境通过劳动对人类起到至关重要的影响作用。正所谓，"一方水土养一方人。什么样的自然环境决定了生活在其中的人类进行什么样的生产活动；而什么样的生产活动，又决定了进化出什么样的民族。"③

在犯罪学视域，影响或者促成犯罪的自然因素既包括自然环境、个体生物特征，也包括社会生态（或称人文生态）和特殊空间。社会人文生态是特指人为的社会空间，这种空间虽然经过人为改造，但也脱离不了地理环境的属性，而特殊空间则是给更为狭小的社会空间。在犯罪学视域中，有人认为，所谓特殊空间，是指相对城乡时空而言，比较微小，容易滋生犯罪的固定或流动的局部自然地理或人文地理环境。如"城市死角"、城乡接合部和独居住宅等。④

荷兰遗传学家布鲁纳则在为个体生物特征在犯罪中所起的作用加工，他的报告显示，一个具有特殊历史的荷兰家族男性成员都具有一种奇

① 张中：《丰富的语言》，广州出版社 1997 年版，第 46 页。
② Hannan M. T. , Freeman John. The Population Ecology of organization. American Journal of Sociology，1997(82)：188－213.
③ 张志国：《颠覆你认知的通俗人文经济学》，中国发展出版社 2014 年版，第 199—200 页。
④ 张爽：《犯罪学理论与实务》，人民日报出版社 2015 年版，第 128 页。

怪的攻击性,通常是暴力行为,如裸露、纵火和强奸。他们对很小的挫折和压力的反应都很疯狂,如叫喊、咒骂,甚至殴打激怒他们的人。经过多年的研究,布鲁纳声称在这些深受折磨的男性身上发现一小段基因缺陷,它产生了一种酶,会阻断大脑中用于传递信息的化学物质。因此那些具有这种基因缺陷的人便积累了过量的有巨大能量的神经递质,从而导致了攻击性的爆发。①

类似的现象在体育领域同样存在,也就是说,体育运动的形式会随着人种和地域之不同而有所差异。首先强调一点,我们是在排除肤色和地域歧视的前提下,完全在理论视野里探讨不同人种在体育运动项目中所表现出来的特征。就如与其他人种相比较,黑色人种更善于弹跳与奔跑,而不同地域的黑色人种所擅长的体育运动项目又有所不同。譬如非洲地区的黑色人种擅长长跑,北美洲的黑色人种擅长短跑和跳远。在北美洲内部又可以再做细分,美国和牙买加的黑人运动员擅长短跑,而古巴的运动员则擅长拳击。地域性体现在体育运动的方方面面,橄榄球又称英式足球,不仅仅表示它起源于英国,还在一定程度上表明其一定是适合于英国人的一项运动。当然,后来又有了美式橄榄球的称谓,但是很难再找到印度橄榄球、埃及橄榄球或者日本橄榄球的通行说法。不过在中国,可以追索到古老的蹴鞠运动,而现代中国人则更擅长玩乒乓球,所以除了中国之外,很难有第二个国家被称为"乒乓王国"。当然这种划分并非决然,就如斯诺克运动,中国人和英国人都非常适合。但这从一个层面体现出体育具有地域性,而这种地域性在一定程度上说明自然环境对体育运动能够产生影响

与之相应,自然因素成为影响体育运动的重要因素,也从而成为影响体育语言的重要因素。街球运动中的体育文化及其体育语言和职业篮球运动中的体育文化及其体育语言迥然相异,这在很大程度上是受自然人文地理环境的影响。与职业篮球赛场相比较,街球运动的地理空间是相

---

① [美]威廉·赖特:《基因的力量——人是天生的还是造就的》,郭本禹译,江苏人民出版社2001年版,第152页。

对开放的,参与的人员的技术特征也和职业篮球运动员存在诸多不同之处。

二、影响体育语言的文化因素

文明的走向以及文化传承决定着语言的模式与结构,毋宁说,语言本就是文明和文化的一部分,所以它会追随文明的进路并继承文化的基因。可以说有什么样的文化就会有什么样的语言。语言是文化发展的成果,文化又借语言而得以发展。语言的发展水平是以其丰富和准确程度来衡量的,而这一点并不决定于语言本身的类型,而是决定于该民族的文化发展水平。[①]

另外在学者看来,语言结构不但与文化有关,语言使用方式也跟文化有密切关系,而且比语言结构更受制于文化规约。此外文化也对交际的模式、话语结构起决定的作用。[②] 文化不仅仅影响和决定语言模式和话语结构,还同时影响和决定身体的行动,不同文化背景会养成不同的身体习惯和活动。我们通常能够认可的是,听高雅音乐会的耳朵一般有别于听网络流行歌曲的耳朵,喜好在高尔夫球场挥拍的身体一般有别于热衷于街球运动的身体。文化的力量在体育运动中发挥巨大能量。不同文化背景的人往往寻求不同的文体活动。正所谓物以类聚人以群分,究其根源,文化背景起到深刻的影响作用。文化对语言和话语表达方式的推进作用不容忽视,人们可以从中国近代新文化运动对白话文的推广和普及之功窥知一二。

回到人类起源时代,体育活动伴随着人类一起诞生。"人类首先认识的是自己的身体,以人体相关概念为出发点,通过投射逐步认识整个世界并对其进行概念化。"[③]所以人类文明是从人能够认识自己的身体及其运

---

① 张公瑾、丁石庆:《文化语言学教程》,北京教育科学出版社 2004 年版,第 14—15 页。
② 罗选民:《英汉文化对比与跨文化交际》,辽宁人民出版社 2000 年版,第 11 页。
③ 潘明霞:《词汇 认知 文化——汉英"身物互喻"词汇对比研究》,电子科技大学出版社 2014 年版,第 6 页。

动开始的,人类文化是从人们能够了解并界定自己的身体及其运动开始的。因此,毫不夸张地说,体育见证了人类文明发展的整个历程,也当然成为人类文明一部分。同时在自身不断发展过程中,体育已然成为一种文化。考察体育传统文化的足迹,会发现,人们在对体育美的追求历程中曾经刻意凸显狞厉之美。比如,"牛头马面"和各式各样的饕餮纹样的精神指向在于突出一种神秘巨大的原始力量,即畏怖、恐惧、残酷和凶狠。西方文化中的暴力美学最早也可以在古希腊盛极一时的残暴体育表演与欣赏那里找到佐证,在血腥的"格斗士"比赛中,观者幻想并扮演着其中的角色,并以此寻找精神上的慰藉和释放身体上的暴力。延至今日,这种传统文化影响力仍随处可见,关于身体和力量之美的雕像就是直观显示,而人们对身体之美和暴力之美的心灵依赖和精神释放在许多竞技体育运动场域展示得更为畅快。所以,职业拳击、职业摔跤、职业格斗等现代运动拥趸众多是有其文化根源的。

文化对体育的影响一方面体现在文化传统和背景对体育运动模式及其结构的深层次影响上,另外还通过文化交流发挥对体育的影响力。或者说,文化和体育在交流属性上本来就具有一致性,而文化的流动促成了体育的交流与发展,反过来,体育的交流亦带动了文化的传播。以此而言,体育和文化是相互影响并相得益彰的。

文化对体育的影响不仅仅体现在其作为一个整体系统上,也会落位到具体的体育领域、体育项目乃至具体的体育人上。正如人们所看到的那样,一些体育项目打破了国别、民族界限,越来越呈现国际化趋势,其中文化壁垒的破除是关键性前提,而随着这一体育项目从民族走向国际,国际文化元素也会渗透进来,促成地区或者民族体育项目的革新,从而促成其成为更具国际视野的国际性体育项目。作为个人,不管你是从事篮球还是足球,一旦走出国门,势必会接触国外体育文化的熏陶,逐步接受别的国家的体育文化,进而打破文化壁垒,养成国际视野,从而从一个单纯的体育运动员成长为一个具有关注人类共同体情怀的体育外交家。作为一个体育外交家或者体育活动家亦需要通过所属国的文化涵养和文化气质吸引并影响他所处的领域。这一切都需要借助于体育语言作为沟通的桥梁。体育语言之所以具有这种桥梁的衔接作用就在于其自身所具有的和散发出的语言文化气质。"语言的文化气质指的是一种语言在交际过程使说话人和听话人在心理上得到的某种感受,这种感受一方面受周围环境的感染,一方面则是由语言结构各方面因素综合作用而显露出来。"①

　　文化对体育的烙印并由此凝结成的体育文化因素又深深印刻在体育语言上,并且通过体育语言予以表现。我们必须通过体育语言的结构和表达模式来深入了解体育文化的精髓。所以说体育文化正通过融入体育语言之载体从而成为体育的一部分。要想深刻影响一种事物就要想办法成为它的一部分。目前而言,体育正以前所未有的姿态前行,体育文化的身影随着体育运动波及开来,体育语言作为一种载体同时作为一种传播器也在不断汲取体育文化的因子,逐步丰盈自己。

三、影响体育语言的经济因素

　　劳动创造了人类社会,人类社会若要长足进展,仍需依赖于劳动创造。劳动创造的最佳手段就是经济手段。劳动的成果也最终落位在经济成果中。所以可以说,经济决定人类活动的质量和人类生活的品质。劳动在生产经济成果的过程中,语言交际功能是最为重要的。在人类长期的劳动过程中,创制并丰富了语言体系,反过来,语言交际活动不仅一直伴随着人类的经济活动并且在其间起到重要的促成作用。可以说离开语言,经济活动不可能取得突破性进展。因为"语言交际行为具有组织经济活动的功能,并且也能推断出经济活动的实施和进行,亦能促进或抑制经济活动的开展。另一方面,在现代社会里,虽然计算机和信息技术的发展已经出现"人机对话"的交际模式,但语言交际活动的行为主体仍然是人。从这个意义上说,经济活动和语言交际都是人类带有社会性的互动行为,缺少一方,另一方则无法生存和向前发展。"②

---

① 陈汉生:《英国都铎王朝的语言与文化研究》,上海外国语大学 2010 年度,第 14 页。
② 张德福:《关于外语经济学研究路径的探讨》,《哈尔滨商业大学学报(社会科学版)》2009 年第 5 期,第 117—120 页。

经济力量的锻压致使体育产业的链条节节增长,在开放时代里不仅竞技体育,就连社会体育也会以某种形式走出国门,如"城市之间"项目。互为促进的体育产业化和体育国际化给予了体育活动更为广阔的活动舞台和创生体育语言新品种的巨大空间。在现代体育产业化的快速发展浪潮中,体育活动本身可能出现变味和异化现象,与之相伴特别是受到新新人类语言和网络语言的冲击之后,体育语言很难完全把持,难免也会呈现诸多复杂、多变、细化乃至异化的特征。体育经济需求推进的体育国际化运动使得异化了的体育语言主体更容易找到制造更为异化并会产生更大影响力,新型的但不能完全排除异质性的体育语言来。

"经济原则是支配人们言语活动的规律"①。现代体育活动,经济利益成为重要的导向力量。不仅如此,在体育活动开展和体育语言的倾向表达中,经济利益往往起到支配作用。经济因素对体育语言分化或者异化主要体现在经济利益的驱动会使得体育语言表达呈现区域化、利益集团化的倾向。经济因素是掌控现代体育活动开展的重要资源。经济上的纷争势必制造体育利益集团的分化。譬如掌控某一项体育运动或者举办大型国际赛事,不仅能够为举办者迎来国际声望,更为重要的是能够为其带来显著的利益分成。于是人们越来越认识到体育话语权对体育资源分配的重要性,从而越来越热衷于取得并掌控体育话语权。

因此,可以说体育经济的繁荣推进当然难免在一定程度上异化了体育语言体系,但是总体而言,经济动力是体育语言体系丰盈的巨大推动力。也就是说体育语言不能仅仅作为体育经济的服务手段,它本身要成为一种事业,成为一种自带经济效益的体育语言产业。

不过虽然我们认识到体育语言和体育话语在体育利益发展过程中的分量,是体育商业化和国际化发展的不可或缺的重要手段,但是我们还必须清醒地认识到,体育语言总归是体育发展中的一种手段,因而必须遵循体育语言本身需要经济的准则。Jacob Marschak 早在 1965 年揭示了语言的经济学性质。他提出,语言作为人类经济活动中不可缺少的工具,具

---

① 贾怀勤:《人文学术论丛》,对外经济贸易大学出版社 2000 年版,第 348 页。

有与其他资源一样的经济特性,即价值、效用、成本和收益。[1] 这是语言本身的经济性所决定的,"少说话多办事",才能防止体育语言在异化的道路上越走越远,因为最终,体育不能唯利益马首是瞻,它必定还要回到正轨上来。

四、影响体育语言的政治因素

抛开话语权不论,因为话语权在更大程度上代表了言论的分量和对资源的主导性等问题。[2] 只就作为人类个体有无说话的权利和自由问题进行分析,我们会发现,虽然几乎各国法律都明确规定人人都有言论的自由,不过仅从法律层面探讨,言论自由也不是毫无边界的,在特定的场合针对特定的人不能随意发表不当言论,甚至在特定的场合和情境下,作为特殊个体没有发言的自由。当然,还是在法律层面上,有些时候,作为特殊的个体,其必须要就某些事实进行坦白陈述。譬如犯罪者需要如实供述自己的罪行。[3] 以此而言,言论并非绝对的自由。

在政策性上,语言历来是受到国家政策和民族政策制约和引导的,因此,语言中涉及的政治因素包括国体、政体以及意识形态。正如研究者所言,自语言形成起,人类就不断地对语言加以规范;自国家产生起,就不断地制定和实施关于语言的政策。可以说,语言政策与国家相伴而生,语言政策是国家政策的重要组成部分。随着人类社会交往的不断增加,国家内部成员之间、国家与国家之间的联系日益密切,语言和关于语言的政策愈加成为现代社会人类生存发展不可或缺的重要内容。[4] 可以说语言政

---

[1] 转引李兴华:《试析欧盟内部语言纷争的经济因素》,《法国研究》2008年第4期,第80—82页。
[2] 正如学者所认为,话语权是权力话语,彰显了一种权力关系,拥有话语权就具有引导社会的能力。参见冯刚:《新形势下意识形态相关问题研究》,光明日报出版社2014年版,第87页。
[3] 即便在存有沉默权制度的国家,犯罪嫌疑人一旦开口,其所言将作为呈堂证供。以此意义来看,沉默权制度又何尝不是对特定人等言论的一种制约。
[4] 王向豫:《当代中国语言政策分析——政治学的视角》,吉林大学博士学位论文2014年度,第1页。

策既是语言实践性的总结,又是运用语言时应注意的规范。① 对于体育语言而言,语言政策起到一定的导向和制约作用。譬如我国体育政策主张的从体育大国迈向体育强国成为诸如"体育强国梦"等新的体育词汇和体育表达出现的政策引擎。

在特定性上,语言的时代性、地域性、民族性、意识形态性恰恰从另外一个层面体现出其受制约性,其中语言的阶层性成为值得分析的样本。历史告知我们,在阶层分明的社会,诸如奴隶等一些弱势阶层不仅仅没有话语权,甚至没有发声说话的权利,它们只是被奴役的牲口而已。即便在强调人人平等的今天,人和人之间虽然不再有阶级之别,但却基于所受教育、职业等而划分为不同阶层。同一阶层的人之间自然有共同话语,并且的确需要构建共同话语体系,例如法律职业共同体就需要使用一体相通的法言法语。不同阶层的人之间是没有共同话语的,在某些时候很难进行有效沟通。所以,有人才会说:"社会语言特征的主要形式之一产生于人们被编入等级分明的社会群体或阶层的方式。"②

正如上述,语言脱不了政治的制约,并且受政策导向,更受制于特定的时空领域。那么作为体育呢,它能够仅仅作为一种技艺和单纯的活动么? 答案是否定的。体育的兴衰史往往就是一国国力盛衰的晴雨表。即便在和平年代,一场普通的足球友谊赛在不经意间都可能上升为一场民族战争。为国争光的体育明星也常被视为民族英雄。所以,世界各国纷纷加大对体育事业的投入力度,争相申办奥林匹克运动会等国际大型赛事并积极组织代表团参赛,力争取得好成绩,以显国威。可以说,当下的体育在一定程度上被赋予了政治意蕴。体育一旦染上政治色彩,关涉这一领域的严重越轨行为就顺理成章地成为犯罪行为。

上文所举俄罗斯球迷打出政治标语"攻陷华沙"就明显牵涉政治因素。有学者总结足球流氓形成的政治原因,认为,足球流氓们使尽全身解

---

① 王建华:《信息时代报刊语言跟踪研究》,浙江大学出版社 2006 年版,第 57 页。
② Cristal, David. The Cambridge Encyclopedia of language. Cambridge University Press, 1987: 57.

数力图实现他们国家主义的征服精神,那就是在对方球迷场地上通过斗殴树立他们的精神。参与流氓暴力斗殴的球迷把他们的斗殴看作是战争,设想他们正在重演不列颠军事史上最为"光荣"的时光。足球流氓认为,"就如同身在军队那样,就如同德国在同英国开战一般",而且大多数英格兰球迷把出国观看足球比赛视自己为一种"丘吉尔复生","我们将告诉那些德国佬为何他们会失败"。① 足球流氓使用的体育语言就是上文所言的体育流氓语言(体育有伤风化语言),此类体育语言尚且能够诞生于政治的温床中,更别说其他体育语言了。可以说,现代体育语言几乎都要受到政治和政策因素的影响,或者至少与这一因素产生一定的关联性。

---

① 丁海勇:《足球流氓暴力行为产生的原因》,《上海体育学院学报》2003 年第 2 期,第 15—18 页。

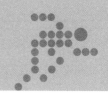

第二章

体育语言的社会语言学分析

    体育语言来源于体育,还要反哺体育,因而对体育语言的功能考察是重点工作。体育的社会性决定了对体育语言的分析需要纳入社会语言学分析框架。而且,语言本身也是一种社会符号。作为一种社会符号的语言具有三大元功能:概念功能、人际功能,以及语篇功能。概念功能是表征客观世界和内心世界的,人际功能是体现语言使用者的交际参与和交际角色关系的,而语篇功能则是组织成语篇。[①]

    对于体育语言的概念,笔者上文已经多有阐释,之于体育语言的另外两种功能,其中人际功能可以表述为社会功能,将分别于下文予以论述,但也涵括在社会语言学研究范式当中了,故此,本章虽然重点研究体育语言的语篇功能,亦同时将其置于社会学范畴之内考察其社会功能。因而对体育语言学的分析框架既包括认知语言学,亦包括功能语言学。两种语言学分析范畴都是适宜于体育语言学分析的手段和方法。"认知语言学是语言学的一门分支学科,以认知科学和体验哲学为理论背景,在 20世纪 90 年代成形。认知语言学涉及人工智能、语言学、心理学、系统论等多种学科,它针对生成语言学天赋观,提出语言的创建、学习及运用基本上都能够透过人类的认知而加以解释,因为认知能力是人类知识的根本。"[②]"功能语言学与结构主义语言学、生成语言学不同,他们强调话语

① 姜毓锋:《基于多模态话语理论的外语教学模式构建》,北京理工大学出版社 2015 年版,第 193 页。
② 童之侠:《当代应用语言学》,中国传媒大学出版社 2016 年版,第 246 页。

的信息内容,将语言视为交际系统而不是语法体系。从功能角度对二语习得做出的研究认为,研究的焦点应该是在真实情景中的语言使用,而不是学习者内在的语言知识;语言的目的是用于交际,因此语言知识的发展离不开交际使用;他们关注的范围不再是句子,而是话语结构和语言是如何在交际中使用的,以及交际中除了语言之外的其他方方面面的因素。"①

在此基调下,具体而言,本章将从体育语言的特征、规范性要求、语篇结构、修辞用法角度,以及体育语言系统与其他语言系统、体育语言在其他领域互动情形以及获得的效果等角度进行分析。

本处所采用的研究方法主要有文献分析法和语料分析法。尽管前人对体育语言的研究并不多,而且对于体育语言的语种类别研究仅限于媒体体育语言等特殊种类,对于体育语言种类没有进行细致划分,也没有关注其他的体育语言种类,更缺少对体育语言特征进行概括,但是相关研究还是对体育语言能够成为研究命题进行了论证。通过对已有文献的收集和整理,发现其对体育语言学进行语言学分析必要性带来了启发,并且加深了笔者对这一命题的认识程度。语料分析的前提是收集语料组建语料库,在此基础上,逐一进行研判和分析。好在漫长的体育史意味着漫长的体育语言史,加之现代体育活动的极大拓展以及网络自媒体的参与,使得体育语言生产的现实与虚拟空间都极大延展,从而使得收集体育语言之语料变得相对容易。

需要说明的是,本书所用的语料来源广泛,出自网络的较多。笔者在行文中如果没有特别必要,也就没有每一语料都表明出处。事实上如果读者诸君想加以验证的话,只要粘贴输入百度即大都能够找到来源和出处。

第一节　体育语言的特征扫描

体育语言种类繁多,因使用场合、表达主体、话语形式等不同,其语言

---

① 张允:《外语教与学的理念和方法》,南开大学出版社 2015 年版,第 16 页。

特征亦有所不同。如本书上一章节所言,体育语言种类大致有以下区别:依据使用场合、使用风格以及有声无声等不同,体育语言分为体育口语、体育符号语言和体育书面语言。依据表达主体不同可以将体育语言划分为官方体育语言、民间体育语言和媒体体育语言。依据规范程度、表达方式、产生语境等不同,体育语言分为体育俚语、体育行话和体育术语。当然,此类划分并非绝对,不同类别之间的体育语言存在交叉现象。不同的体育语言产生不同的语言效果并发挥不同的社会功能。体育语言因为在不同的使用场合以及发挥不同功效之目的会呈现出不同的特征来。文章此处主要结合几种典型的体育语言类型分述之。

一、体育语言的生动性

生动性是体育语言的重要属性。体育是肢体的活动,体育语言首先表现为一种肢体语言,特别追溯到远古时代,嬉戏等体育活动甚至产生于语言之前。人类肢体活动的力度和柔美汇集成体育语言,或者通过肢体语言传播开来。现代体育活动,不管你身处体育赛场还是围坐在电视机前,人们首先通过运动员体育肢体语言的生动性来体味体育的魅力。为了准确又不失生动地传递这一讯息,无论是体育解说词等体育口语还是体育新闻报道等体育书面语言,都需要秉承体育语言生动的性质。当然,体育语言的生动性是建立在客观、真实、简洁的基础之上的。老舍说过:"要老老实实地把话写清楚了,然后再求生动。"可以说,在没有达到语言的准确等的基础上,一味强调商业调查报告语言的生动性是毫无意义的,那样只会使文章华而不实,空洞无物,矫揉造作。[①] 因而,冗长的体育语言无法生动,浮夸的、歪曲的体育语言背离了体育运动的本质,即便能够博取眼球最终也只会招致嫌恶。除了体育肢体语言外,最具有能够展现体育语言生动性的就是体育口语。以英语世界中口语方式出现的体育俚

---

① 龚穗丰、徐从权:《商业调查报告语言》,汉语大词典出版社 2006 年版,第 7 页。文中老舍先生的话亦转引自此处。

语是一种典型代表，非常生动形象。此处以人们在一些运动项目中经常使用的一些俚语为例略作说明。①

（1）Elephant's ass 直译为大象的屁股。

在高尔夫运动中意指见高不见远的球。通常指那些高度大于距离的开球。这一俚语也被广泛应用在足球运动中，指称一些后卫本想大脚解围，却将球踢向天空的举动。

（2）Die it in the hole 直译为死到洞里。

在高尔夫运动中意指一种常见的小球进洞方式。就是在球手推杆时，其实小球已经失去动能，不过，在即将停住的那一刻滚进洞，就好像摔进洞中一样。

在其他体育项目中也会存在大量的体育俚语，如在拳击比赛中：

（3）Throw in the towel 直译为扔毛巾。

在拳击比赛甚至扩展到其他比赛意指一方认输，投降，承认失败，拳击赛中很少有拳击手自己主动认输，扔毛巾的举动一般由教练做出。

（4）Hold all the cards 直译为握有所有的牌。

在纸牌游戏乃至扩展到其他比赛中意指掌控局面，占尽优势，对手毫无胜算。

（5）Hit below the belt 意为突施冷箭或者暗箭伤人。

可以在足球、拳击等比赛项目，形容一方突然启动或者背后搞一些小动作，令对手防不胜防。

（6）Get a head start 意为抢得先手。

意指在比赛中抢得先机，占有先发优势，也可以表示先下手为强。

---

① 此处所借用的英语等其他语种的体育俚语语料有的来自搜狐体育，有的来自学英语网站，有的来自百度，而后续的百余条语料大多为体育新闻标题，亦来源于各家网站（主要是搜狐、新浪、网易等体育版）。文中不再一一标注具体出处，于此一并表明，如有兴趣或者基于其他需要，具体请参见网站网址，如：http://sports. sina. com. cn/golf/2012-12-26/11546353562. shtml；http://www. en8848. com. cn/kouyu/slang/more/297960. html；https://baike. so. com/doc/5382507-5618865. html？from = 2984949&redirect = merge；https://zhidao. baidu. com/question/615937211235173012. html，等等。或者直接将所涉及文字复制粘贴，通过百度搜索引擎亦能得到各语料出处。

有些象声词也被用来运用于描述体育运动，久而久之就成了约定俗成的体育俚语或体育俗语(熟语)。由于这些发端于体育运动项目中的象声词带有一定体育节奏感、声音的音律动感，本身就能够体现体育语言的生动性和形象性。比如：

(6) Tiki-Taka(西班牙语发音)近似于"DiGi-DaGa"(汉语拼音)。

原意指足球中的一种踢法，现在上升为一种足球战术。人们给 Tiki-Taka 下的定义，它是克鲁伊夫发明的，被多任教练采用的，以精准短传为基础来追求极致控球的，在西班牙甲级联赛球队巴萨队和西班牙国家队那里取得巨大成功的，并被其他一些球队借鉴的足球战术。

有些英语体育俚语还会被华语地区结合本地语言进一步改造。比如：

(7) "乌龙"。乌龙球一词源于英语的"Own goal"[①]，直译成中文为"自进本方球门的球"。由于"own goal"的发音与粤语的"乌龙"一词相近，而粤语"乌龙"有"搞错、乌里巴涂"之意，所以香港记者便在报道中以"乌龙"或"乌龙球"来翻译"own goal"。中国大陆记者也借用了香港的这种译法。而中国成语的"自摆乌龙"也成为乌龙球的另一种称法。其实用"乌龙"一词又何尝不意味着"自黑"呢，被动自黑了自家的球门和守门员一把。

中国职业赛场也为体育俚语增加了不少新生拟声与会意词，比如：

(8) "拉拉队"，用以为主场作战的队伍加油的即兴欢呼和助威的队伍，当主队获得场上优势时，该队伍就会带动主场观众发出"啦啦"等各种声音以示声威。除了声音上的拟声之外，"拉拉"还有拉赞助攒人气之意思。现在意指进行竞技比赛时，为参赛者呐喊助威的有组织的观众队伍。

如上一章节阐述体育俚语时所言，目前体育语言呈现出无限开放性特征，一方面体育俚语走出体育领域成为社会行话，另一方面体育俚语擅长吸收其他社会俚语将其纳入到体育语言系统中来。

---

① 也有人认为"乌龙"是英语 wrong 的音译词。参见：金易生：《"自摆乌龙"又一说》，《咬文嚼字》2003 年第 5 期。

所以一些体育俚语其实就是生活用语,即形象生动,又广为人知。例如:

(9)"饭后百步走,能活九十九","一日舞几舞,活到九十五"。

近年来,人们结合其他领域称呼的谐音,有时候是娱乐明星的名字,有时候是某一知名企业的名称,配之以某位体育运动员近期体育竞技状况和表现,创生出一些新的体育俚语,亦贴切且形象。例如:

(10)从"一轮游"到"林一轮"。

"一轮游"意指网球、羽毛球等晋级赛事中,选手或者运动队伍在第一轮就遭受淘汰,没能晋级下一轮。羽毛球选手林丹曾经是羽毛球界的顶尖高手,取得后人很难超越的成绩,不过近期随着年龄增加,竞技状态大不如前,多次在多项赛事中遭遇"一轮游"。正如有媒体报道称:全年 36 场单项赛,19 胜 17 负,这就是林丹交出的成绩单,如果说赛季 52%的胜率已经让人大跌眼镜,那么 9 次"一轮游"更是让人难以置信。这可是将世界上所有冠军都拿了遍的林丹啊,2004 年雅典奥运会"林一轮"的笑称如今却成为了真正的代名词。①

语言生动性要求较高的要算是体育解说词了,因为体育解说员既面对激烈的赛事,又要将赛事生动传神地向不在现场的体育观众传达出去。"形象性、幽默感、音乐美,新颖性等,是语言生动性的主要内涵,也是构成语言生动性的主要手段。"②此处笔者将结合体育解说词从形象性、幽默感、新颖性等几个角度进行简略阐述。

体育解说词的形象性主要体现在解说员对比喻、假借等修辞手法的运用上。例如:

(11)有解说员在解说拳击比赛时称,拳坛艺术家洛马琴科出拳"快如闪电"。这里用了艺术家,形象地比喻洛马琴科高超的技艺,而用"闪电"一词则形容了拳击手拳头的刚猛与迅疾。

(12)有解说员解说跳高运动员越过横杆时轻捷地像一只矫健的"飞

---

① 《林丹赛季半数一轮游　昔日"林一轮"笑称再成代名词》,https://sports. qq. com/a/20181130/006383. htm。

② 尹均生:《中国写作学大辞典》(第一卷),中国检察出版社 1998 年版,第 227 页。

燕",解说女子平衡木比赛称运动员如一只轻盈的"小鹿"。

(13)在田径赛场上,解说员充满激情地解说,"砰!"的一声,发令枪响,运动员就如"猛虎"下山,你追我赶,互不相让。

(14)在足球赛场上,有的解说员描述某足球运动员速度快,称之为"快马",称其带球前突的场面为"衔枚疾进";某运动员在一场比赛中一人进两个球,称其为"梅开二度",进三个球则为"帽子戏法",再进一个就成了"大四喜"。

(15)在职业篮球赛场上,体育解说员解说,称呼某位身形魁伟、作风强悍的中锋球员为"内线巨无霸",其某一次迎着防守队员的势大力沉的强硬扣篮为"战斧式劈扣"。

(16)体育解说员在看到任意球大师打进精彩的任意球时,谓之为"落叶球""香蕉球""电梯球"。其或借助于自然景观"落叶飘忽",或者借助于"香蕉的弧度",或借助于电梯的急速下沉之状,非常形象。当其关注到赛场上,一方因为对方犯规而赢得任意球机会,而冷不丁的,在对手还在跟裁判员理论或者还在排兵布阵,毫无防备的情况下,快发开任意球。这是解说员将这种情境概括为"突施冷箭",配之以球像离弦之箭奔向球门又令对手防不胜防,非常形象。

在这些解说词中,解说员采用了"闪电""小鹿""大鸟""飞燕""猛虎""快马""影子""梅开""战斧""四喜丸子""电梯""落叶""香蕉""冷箭"等描述自然界的其他事物特征的词汇分别形容运动员的比赛状态,非常贴切生动传神。

体育解说员的幽默语言也是在人们因为观看激烈的比赛心情紧张之余的一调味剂,结合运动员夸张肢体的幽默描述是体育语言生动性的应有之义。本处所采集体现体育解说词幽默性的语料如:

(17)某位足球解说员看到某一国男子足球队又一次被击败,眼看出现的希望破灭,有些懊恼,竟然感叹说,要是某国足球队被分在南极洲,说不准能够确保出线。令人听后不禁莞尔,分在南极洲,是要和雄性企鹅足球队 PK 么?还调侃,带球时一定要从某后卫身边走,因为他留下的空档最大,好走。如此等等,令人忍俊不禁。

（18）某知名体育解说员在评述英格兰队无缘 2008 年欧洲杯时说，"主办国瑞士和奥地利在欧洲中部，其他参赛国只要开车就能来，麻烦一点、远一点的就是英格兰，隔着一条英吉利海峡，所以就没来。"此处把英格兰无缘决赛圈戏称为路途遥远无法赶来，用诙谐戏谑的语言道出真情，耐人寻味。

（19）某位知名体育解说员，素来有口误之作，当然不知道是有心还是无意，却因此制造了不少体育解说金句，为体育解说界增添了一丝丝幽默感。诸如"观众朋友们如果您刚刚打开电梯""球被守门员的后腿挡了一下"。最著名的要数那句"以迅雷不及掩耳盗铃之势"。此句还在不断被延展，"以迅雷不及掩耳盗铃铃儿响叮当之势如破竹……"，因此更增加了体育解说语的幽默性。

（20）解说员在解说美国职业男子篮球比赛时，说到某位球员擅长利用防守队员身体触碰以制造犯规，用了一个词"碰瓷"。这个词中国人都不陌生，中国体育解说员运用这个词形容这一动作，非常形象，又不失幽默。而在足球赛场上，解说员称某运动员在对方禁区夸张摔倒以换取点球的动作为"跳水"，亦风趣幽默、生动形象。

当然这种解说风格亦带有一点讽刺意味，下一组语料讽刺意味似乎更浓。

（21）某解说员在评述国内意味乒乓球运动员的比赛时，称其"内战内行、外战外行"。还调侃我国某位足球运动员每次射门都直接射向天空，又是一个高射炮，难道是在打飞机么？如此评述幽默之风已然，不过倒多了几分讥诮。

体育语言的生动性还体现在其接地气和新颖性上。故此，体育解说员要么是因为自己本身年轻而熟知现代流行语，要么就需要做足功课，主要关注佛系语言、新新人类语言、网络语言等，从而熟悉和掌握新型或者具有时代性的流行话语。

例如：

（22）对流行语"佛系"①的应用。某解说员在一次比赛中评价某位著名足球教练员临场指挥从容淡定屡收奇效因而为"佛系"教练。在美国职业篮球赛场上某位退役篮球巨星素来不喜形于色，被中国球迷尊称为"石佛"。某位现役篮球运动员也以淡定闻名，在一场季后赛的解说中，解说员评价他，即便与人偶尔发生争执也是一脸微笑，还不忘"跑位"，佛祖就是佛祖，这种打球风格简直就是"佛系打法"。

（23）擅长使用惊异的词语，如"仙""天人""外星人""火星车"等。足球解说员在解说某位球员提出的一记匪夷所思的好球，称其为非人类的"神仙球"，特别是针对某位球坛巨星的临门撩球为"天外飞仙"，称某位足坛明星为"外星人"。赛车运动中的解说员则把某车队研发的无人能敌的赛车称为"火星车"。

（24）擅长使用"冷""热"等对比性的词汇，以增加解说语言的生动性。譬如某项将要开始的赛事，某位状态最出色运动水平最高的选手会被解说员列为"头号大热门"，如果头号种子选手被名不见经传的选手第一轮就淘汰出局，解说员又会说这是"大爆冷门"或者爆出"惊天大冷门"。一项赛事中不断有人被看好却遭意外淘汰，体育解说员称其为"冷门迭出"。

（25）擅长使用谐音和寻找相同意趣。例如在2019年男子足球亚洲杯中，中国队7号前锋武磊用两记世界波杀死对手。某体育新闻媒体报道使用的新闻标题为《核武7终发威！这才是中超金靴　与蒿俊闵组黄金搭档》，其中"武"即指武磊，"7"为其身披球衣号码，如此谐音，醒人耳目，重要的是几个字连在一起不仅与"核武器"谐音，还与其意趣相通，即代表球员及其搭档战力非凡，破坏力惊人，让对手绝望。类似的体育新闻

---

① 佛系，流行词，该词的含义是专注于事情发生的过程，抱着尽人事，听天命的心态，不注重结果。该词最早来源于2014年日本的某杂志，该杂志介绍了"佛系男子"。2017年12月，"佛系青年"词条刷遍朋友圈，火遍网络。佛系作为一种文化现象，有看破红尘、按自己生活方式生活的一种生活状态和人生态度。该词衍生出"佛系青年""佛系男子""佛系女子""佛系子女""佛系父母""佛系追星""佛系生活""佛系乘客""佛系学生""佛系购物""佛系恋爱""佛系饮食"等一系列的词语。2018年12月19日，佛系入选国家语言资源监测与研究中心发布了"2018年度十大网络用语"。具体参见百度百科：https://baike.baidu.com/item/%E4%BD%9B%E7%B3%BB/22257892? fr = aladdin. 体育界借用佛系一词更多倾向表达某运动员、教练员或裁判员等宠辱不惊的做派。

标题用语还如：

（26）上港祝福武磊：待你荣归故里时我们如"7"再相见。"如期相见"是中国人比较熟悉的成语，而"7"还是代表上港队的中国球员武磊，只是这次武磊转会加盟西甲劲旅西班牙人队，上港作为其母队，祝福其在西甲一路顺畅，并且随时作为其强大的后盾和可以依托的精神家园，期待远行的游子随时回归。这种谐音使用既寄托了浓情蜜意，又切合语境，相当精妙。

当然任何事情都没有绝对。与体育口语相较，一些体育书面语言也很生动，往往还能够图文并茂，特别当你看了一些教练员的现场战术板，总觉得其有一天会不会像毕加索或者梵高的画作一样成为一代名画。

二、体育语言的机巧性

在这里，机巧并非贬义。语言的机巧性是指语言运用得巧妙得当。正如有人所言，语言是一门艺术，若用得巧妙，可以事半功倍，受益无穷。同样一件事，话说得对路，很投机，事情就好办了，话说得不好，有可能事情就搞僵了。[①] 用现代话说，就是交际艺术，或交际技巧。有人在通过某著名主持人话锋机敏为例指出随机应变、灵活机巧语言的重要性。其赞叹此主持人主持风格独特，而且语言机敏犀利。某年奥运会期间，该主持人即兴直播产生的影响甚至超过了职业体育主持人。就在于他不仅仅按照编导的安排，一字一句的诵读，而是把自己对世界的认识和感悟传递给观众。[②]

体育语言的机巧性也可以体现为一种灵巧性或者技巧性。现代社会是开放的社会，各种体育文化异彩纷呈，需要灵活多样的语言予以描述和表述。死板僵化的体育语言注定无法生存，至少不会引起年轻人的青睐。而体育活动尤其是竞技体育又大多是属于年轻人的项目，离

---

① 范勇：《洞察力：为人处世的中国智慧》，天地出版社 2013 年版，第 84 页。
② 吴宏、阎成席：《英语实用案例写作语料库》，金盾出版社 2013 年版，第 130 页。

开具有思维活跃和发散的年轻人的支持,体育语言甚至连带体育项目将失去魅力乃至生存空间。故此,现代社会要求体育语言要灵活、灵动、灵巧,一方面是要适应现代体育人群,另一方面也是由体育运动本质属性所决定。体育俚语生动幽默又不失机敏俏皮,所以才会广为传播。主要体现在媒体体育语言的使用或者通过媒体得以传播的体育解说语等上。

此处笔者主要结合媒体体育语言加以分析。媒体体育语言包括体育解说语。其面向大众,主要是打通体育比赛与观众(听众)之间的桥梁。正如有人所言:"传播知识是新闻传播业的基本价值功能,也是体育解说的目的之一。"[1]故此,体育语言需要在一定程度上做到生动性之外,还需要使用一些技巧,以捕获受众的耳朵。以此而言,媒体体育语言是展示体育语言灵巧性的重要语料,故需要运用一定的技巧来达到传播体育新闻、体育事实和普及体育知识的目的。通过媒体体育语言的语料,可以探视体育语言的技巧性主要体现在以下方面:

1. 媒体语言风格多变。传统或者官方体育媒体往往中规中矩,遣词造句、追求工整,虽然文风简明,但也不会同体育解说词一样大量使用体育简缩词。不过自媒体的加入,使得体育媒体语言风格与文风为之一变,其往往采用复式形式和散句、断句作为标题。有时候,自媒体所呈现出来的媒体体育语言很随性,甚至不符合语言逻辑,给人这句话根本就没有说完的感觉,很突兀。而此,恰恰是其机巧之处。其目的显然是为了攫取眼球,恰恰是为了引起读者的好奇心而点开链接赚取点击量。虽然,此举显现了体育媒体语言需要技术处理的一面,但是在另外一面也显示其过于功利和机巧。正如学者所言:"自媒体故意制作悬疑标题,来诱使读者点击阅读的做法,是把读者当作换取商业利益的工具,甚至当作愚弄欺骗的对象。"[2]

或许受到自媒体的冲击,也或许受到其影响,现在不少媒体包括权威

---

① 林泊宇:《体育解说员的特色与发展趋势研究》,西安体育学院硕士学位论文 2014 年度,第 1 页。
② 陆高峰:《自媒体热衷悬疑式标题的背后》,《青年记者》2017 年第 9 期,第 110 页。

体育媒体都开始走求新乃至求异的路线,以至于媒体体育语言风格多变成为一种趋势。当然"影响公众选择媒体的原因之一,是媒体所使用的语言文字风格是否符合公众的审美需求"①。任何体育媒体都会注意到生活在现代社会中民众价值观多元化的客观事实,故此,多变的体育语言风格会成为体育媒体当下的一种选择。以体育新闻写作而言,体育新闻是一种以大众化和休闲化为特征的新闻品种,人们阅读、收听、观看体育新闻主要是为了个人的休闲娱乐和兴趣爱好,其读者面覆盖了各个阶层、年龄和职业。因此体育新闻在写作风格上较之其他新闻品种更要求平民化、口语化、通俗化,以求接近自己的受众。正因为如此,从 19 世纪后半叶开始,欧美的报纸媒体便逐渐形成了体育新闻的俚语化和幽默诙谐的写作风格,对直至今天的体育报道的语言风格都产生了很大影响。②

文风稳健、俏皮、幽默、简洁是常见的媒体体育语言风格,此外,亦有辛辣不失理性的文风。例如:

(27)一则题为《佩兰,留给你的时间不多了》的新闻报道是以赛后分析视角展开评述的,其标题借用足球迷们最熟悉的一句针对中国国家男子足球队的解说词"场上留给中国队的时间不多了",对中国男子国家足球队的表现既表达失望之情,又略带讽刺意味,但同时又充满告诫和渴望,希望国足队员们能够用自己辛勤的汗水和顽强的意志,以实现中国男子足球再次冲进世界杯的梦想。

媒体体育语言还善于重复使用某一个字或者某一个词,不仅强调重点,同时增加活泼俏皮的风格,例如:

(28)"冰!冰!冰!极限冰桶,你敢来挑战么?"

(29)哭吧!哭吧!不是罪,男足的表现让你心力交瘁。

2. 使用缩略语和简略词。竞技体育讲求短平快,冗长乏味的体育项目很难吸引现代人的关注。与之相应,报道或者解说体育运动的体育语言也需要简洁明了。特别是体育解说中,不可能每一句都必然念出冗长

① 中国传媒大学党报党刊研究中心等:《人民共和国党报论坛》(2013 年卷),中国传媒大学出版社 2014 年版,第 403 页。

② 郝勤:《体育新闻学》,高等教育出版社 2004 年版,第 177 页。

的队名或者赛事名称,有时就直接简称。对于体育迷熟知的名称大都采用缩略词语予以表达,诸如中国足协、乒协、篮协、奥运会、世界杯、澳网、美网、NBA、CBA、AC 米兰、曼联、骑士、湖人、大罗、小罗、C 罗、齐祖、渣叔、银狐、飞人乔丹、大鲨鱼奥尼尔、黑曼巴、小飞侠、小皇帝、詹皇、奶牛、纳豆、网坛四巨头、荷兰三剑客、热火三巨头,等等。美国男子职业篮球联赛雄鹿队中有个在尼日利亚出生拥有希腊国籍的球员扬尼斯·阿德托昆博(Giannis Antetokounmpo),其名字太长,一般人很费劲才能准确念出来,后来人们干脆称呼其为"字母哥"。

这些简称中有的是体育社团称谓,有的是某项赛事称呼,有的是某种职业联赛名称,有的是某级别联赛队伍的名字,有的则是职业运动员名字,还有的甚至就是某些著名运动员和著名教练员在赛场内外获得的外号、昵称、别名等,但是只要一提起,体育迷无人不知、无人不晓,有时候针对某一队伍或者某一人还会成立专门的应援团,并有自己的称呼。例如有球迷称呼"网坛"巨星 20 届"大满贯"得主费德勒为"奶牛",而其中国的粉丝团则自称为"奶粉"(备注:标注双引号者亦为意指特定称谓的缩略词汇,具体意思可参见百度百科)。

不过有时,也会因此出现歧义制造纷争,例如:

(30)"无锋米兰出征莫斯科",仅这一标题就几处使用简略词。"无锋"意指没有前锋,"米兰"乃意大利甲级联赛中的一支球队称呼。不过,在意大利甲级联赛中有两只"米兰",一支 AC 米兰,一支国际米兰,所以简略词的使用也要把握分寸,否则容易引起争议。

为了跟上体育运动短平快的节奏,也为了适宜受众的口味,体育媒体语言表达者常常使用双音节词语、多音节短语,倘若将这些缩略语和简略词放在标题上,可以起到引起受众兴趣的作用,以此亦显示出其机巧之处。例如:

(31)使用双音节词语或者多音节短语:震撼、震惊、刚刚、速胜、大胜、连胜、秒杀、痛宰、屠杀、血洗、力擒、猛夸、豪言、豪取、惊艳、点燃、超燃、暴扣、颜扣、劈扣、临阵换帅、重磅交易、惊天逆转、神来之笔、活力四射、官方辟谣、稳居榜首、终身禁赛、跨越里程碑、就这么锦鲤、高出他人一档、冷血三分杀死比赛、不丢一盘封王、网坛四巨头时代终结等。这些词大多作为标题出现,而且往往放在句首,并配之以感叹号,以对受众形成一种感官效应。这显然是媒体体育语言的一种机巧,就在于吸引受众的注意力。

如上文所述,媒体体育语言在使用缩略词汇和简略短语的技巧处理时亦大量采用谐音处理的方式以更进一步引起受众的好奇心并增加行文的趣味性。例如:

(32)描述某著名外国足球俱乐部的两个边锋在某场比赛中表现积极并能决定比赛走势的时候用了"双亿齐飞"这个词。这个"双亿齐飞"巧妙借用了"双翼齐飞"的谐音,并点名了本场立功的球员是两个边锋,因为边锋活跃在足球场和进攻队形的两翼。更为重要的是,此词突出了球员的身价,因为该队为购入这两个球星,各花费了一亿欧元以上的代价,加在一起可不就是"双亿齐飞"么?

3. 大量使用代词。其中代词分为代名词、代谓词、代数词、代副词等。包括人称代词"你、我、他";疑问代词"谁、什么、哪",指示代词"这、那";处所代词,包括"哪儿、哪里、这儿、这里、那儿、那里";时间代词,包括"多会儿、这会儿、那会儿"等。代谓词有"怎样、怎么、怎么样、这样、这么、这么样,那样、那么、那么样"等。代数词有"几、多少"等。代副词有"多、多么、这么、那么"等。

大量使用各种代词的机巧之处在于能够模糊一些关键信息,其实就是在必要的时候装一把糊涂、卖一个关子,最终目的还是引起受众的注意。如果这些代词用在标题里,意图更为明显,就在于吊起受众的胃口,让观者预知内容如何,请往下看详解、正解。

具体采集一些体育媒体使用的新闻标题,示例如下:

(33)面对韩国队,就一个字,干!

(34)ATP官网列举三大理由力挺德约为澳网最大热门

(35)登哥:我请你去欧洲玩!

(36)他在场勇士狂赢 42 分

(37)武磊爆发? 还靠这位

（38）男网四巨头终将曲终人散你能想到谁先掉队

（39）被控性侵的禽兽教练竟还对她们做过这样的事……

（40）这位浙大美女天赋异禀！跑马仅 2 年元旦 3 天夺 3 冠

（41）从世界排名来看中国泳军东京奥运会哪些人能夺冠？

（42）梅威瑟战那须川前竟被这人抢了风头

4. 常使用疑问句、感叹句等句式。具有疑问句调、表示提问的句子叫疑问句。① "任何疑问句的普遍功能都是向对方提问，引发对方猜测问题的答案。对于新闻标题来说，此类句式必然可以吸引读者的关注，引导读者阅读下文。"② 显然，制造悬疑乃至惊悚是媒体体育语言的王牌手法，以体育媒体之新闻标题来看，其很多时候会选择疑问句式，设问、反问等句式成为其用语的首选。此处选择一些体育媒体标题作为例证：

（43）眼红梅威瑟躺赚 9000 万？嘴炮要求对战那须川天心

（44）烂过国足？国际冰球联合会：中国再不提高水平将被取消东道主直通资格

（45）战那须川天心之前你训练了吗？看梅威瑟怎么回答

（46）你想过没有？为啥国际乒联制定规则专门针对中国乒乓球队

因为在语用价值上，表达了某种强烈的情感，③ 所以媒体体育语言运用中常常使用感叹句以制造气氛撩拨读者的观知欲望。有时煞有介事的感叹的确能够制造悬疑效果。例如：

（47）活久见！田径世锦赛将露天开空调跑道用粉红色

（48）动图慎入！UFC 悍将小腿撕裂外翻 90 度倒地后贼淡定

（49）令人唏嘘！阿里豪宅遭遗孀贱卖亲儿子被传上街乞讨

（50）不要命！小伙塔吊吊臂上倒挂自拍高度令人晕眩

（51）所有人注意！小飞侠科比降临长城，不看，要哭着回来！

而且体育媒体并非单纯或者割裂使用某种句式，有时还会打出组合

---

① 黄伯荣、廖序东：《现代汉语（增订五版）（下册）》，高等教育出版社 2011 年版，第 101 页。

② 何自然：《社会用语的语用心理分析》，暨南大学出版社 2013 年版，第 90 页。

③ 周毕吉：《小句中枢视点下的现代汉语感叹句研究》，世界图书广东出版公司 2015 年版，第 140 页。

拳,即将感叹句、疑问句结合起来运用,以产生更强烈的效果。此外还不断尝试使用祈使句、倒装句等其他句式,限于篇幅,于此不再一一赘述。

除了传统的合乎语法规范的句式之外,体育媒体还会自创和发明一些不符合句式要求的体育用语,譬如故意采用不完整的表达方法或者断裂的叙述方法,这种欲言又止的模糊处理方式让你摸不着头脑却又难以割舍,所以同样能够起到吸引读者的效果。例如:

(52)那个谁来了? 就在南京奥林匹克中心。

(53)一通国际远洋电话,新任主教练敲定了。

(54)告别 C 罗,今天的皇马会咋样?

(55)离开詹皇,骑士和湖人谁更烂?

(56)训练馆里,只留下一个孤独的背影……

(57)网球赛开场仪式请来了"月半大叔",猜猜吧……

5. 在新闻标题中灵活运用标点符号。早期的体育新闻报道中,撰稿人一般还延循传统媒体的套路,很难见到在标题中使用标点符号的现象。现代多种媒体介质的出现打乱了传统媒体的套路,也给体育新闻媒体语言使用增添了新元素,甚至在标题中使用标点符合成了新常态,常用的是省略号、问号、冒号、破折号、惊叹号、双引号等。前述的例句中已经有不少体现出来,此处再集中示例一些:

(58)才十四岁,这么牛! 张本智和,你这是要上天了吗?

(59)傅园慧"抠门"买 30 元衣服可她曾送恩师百万豪车

(60)又皮! 穆雷神回复:刚从冷冻室出来就这么一点大

(61)训练馆里,只留下一个孤独的背影……

(62)他久久地凝视着荣誉墙——那张有些泛黄的自己登上冠军领奖台时的照片

(63)悲情! 穆雷曾 5 进澳网决赛 5 次捧盘最终击溃他的却是……

三、体育语言的互动性

一般而言,语言信息的传递只经过一个通道,比如听话只能逐字逐句地听,读文章也有个前后顺序。而肢体语言信息则可以"多通道"互动。[①]
现代社会,语言是一种社会交流的工具,互动是表达者和受众之间的交流
与沟通,失却这种互动,语言再美也形同虚设或者自说自话。所以可以说
语言互动性是语言交流感的体现和要求。

体育语言的交流感和动态性体现得尤为明显,这也增加了其互动
要求。缺少互动功能的体育语言必定是失却灵魂的语言躯壳,没有交
流对象的体育语言注定是空中楼阁,缺失动态性的体育语言也将成为
僵尸语言。体育项目尤其是竞技体育是以身体素质和技艺之动态展现
为根本的人类活动,可以说体育场景很多是通过肢体语言直接表达出
来的,即体育活动就是一种体育肢体语言述说,而互动是体育活动和体
育肢体语言的核心性质。只是不像没有文字的时代,体育语言只停留
在口头和身体上,现代体育已经可以通过书面和视频等各种体育语言
表述出来。因而不同体育语言的互动性之内容和表现途径都有所
不同。

体育的互动性包括运动参与人之间的互动,也包括参与人与旁观者
之间的互动,体育语言的互动性则包括表述者与体育场景之间的互动,还
包括体育语言表达者与受众之间的互动。根据不同体育语言的表现形
态,互动的主客体和互动途径皆有所不同。书面体育语言是撰写者与读
者之间的互动,肢体等无声体育语言是表述者与观众之间的互动,体育口
语、体育解说词等有声体育语言则是诉说者与听众之间的互动。倘若,涉
及到屏幕前观看直播的观众,还会涉及到其与现场体育赛况以及体育解
说之间的互动问题。

体育语言尤其是体育肢体语言之间的互动可以跨越文化和种族,因
而就如上文所言,体育是没有国别的,体育语言是唯一一种全人类都能看
懂听懂的语言。所以,跨越文化、跨越国界、跨越实体的虚拟空间的体育
语言互动也将成为我们考察的对象。笔者将立足于体育解说语和比赛中
的体育肢体语言等语料对体育语言的互动性进行具体分析。

---

① 南宫雨:《18 岁后要历练,你必须懂点说话技巧》,立信会计出版社 2015 年版,第 43 页。

1. 体育语言的交流感

语言是交流的工具,或者说,语言本身就是用来交流的。具有交流感是体育语言互动性的内质规定。为了增强体育语言的交流感和感染力,体育语言须具有明确的指向性。而且不同的体育语言其交流感制造方式亦有所不同。就此,笔者将结合示例分别就肢体语言、体育书面语言尤其是体育解说词等体育口头语言展开分析。

体育肢体语言往往发生在赛场等特定情境之下,其具有明确的指向性或者明显的肢体暗示。例如:

(64)一场重要的足球赛事中,一位足球运动员在取得进球后立在原地不动,自顾自大秀肌肉,或者低头深吻自己衣服上的队标,或者抬头双手指天,有的甚至甩开上来拥抱的队友独自一人狂奔或者滑跪,从其肢体语言来看,很容易判断出其暂时不愿意与人交流和分享当时的进球喜悦。而有的足球运动员则在取得进球后面露喜色双手指向队友并且伸开双臂,显露出其肢体语言强烈的交流感,以迎合与之庆祝的队友。有的运动员取得进球后还会选择与现场观众进行肢体语言上的交流,其面向观众或振臂,或飞吻,或比心,或脱掉上衣将衣服上的队标和号码向观众一一展示等等。

在书面体育语言中,尤其是纸质或者以文字展现的体育语言中,其交流感主要通过一些语气词的选用来体现。这些语气词主要包括:呀、吧、哇、呢、啦、噢、唉、喔、呐、嗯、也、嘛等。语气词是虚词的重要组成部分,也是语法研究最关注的对象之一。迄今为止对那些典型语气词的作用还是见仁见智,仍然没能取得相对一致的认识。[①] 不过可以知道的是,对于体育语言互动性而言,语气词的适用在加重语调语义等的同时,还起到增加其交流感和亲切感的作用。例如:

(65)小威(指女子网球巨星塞雷娜·威廉姆斯,其姐姐维纳斯·威廉姆斯,被称为大威,笔者注)瘦成一道闪电啦!

(66)考辛斯(NBA球星,底薪加盟已经在过去两年连续两届夺得总

---

① 肖治野:《汉语虚词的行域、知域、言域考察》,浙江大学出版社2016年版,第82页。

冠军的勇士队，组成超级五人组，笔者注）来啦，全联盟震撼吧！

（67）一个大满贯选手，怎么如此斗志全无呢！

（68）谁能自带体系，唯我梅老板（指阿根廷球星梅西，笔者注）也！

（69）中国足球输给泰国，有这种事吗？

（70）穆雷（英国网球巨星）的伤病恢复之路究竟有多长啊？

（71）他爱好体育，排球啊，篮球啊，乒乓球啊，都喜欢打。

（72）谁用的那招倒挂金钩哇！

（73）泰森（美国前重量级拳击职业选手）是一个硬骨头呐！

在现场主持或者解说等体育口语表达中，则需要"采用呼告、设问等多种修辞方式，增强语言的交流感。"①体育语言的修辞下一节将作为重点分析，此处只就体育主持人和解说员为了和受众之间呼应，也为了抒发自己的情感，调动现场气氛而惯常使用呼告、设问等修辞手法进行简单示例。

呼告修辞的运用例如：

（74）体育主持人调动现场气氛：中国队啊！你何时才能冲出亚洲走向世界？希望快一点，再快一点，我们都等不及了！

（75）体育解说员猜度湖人球迷的心声：詹皇啊！你怎么还不复出，湖人队要跌入谷底啦！

设问句的运用例如：

（76）刚才那个一闪而过的身影是谁？原来是闪电侠韦德。

（77）谁是目前这个星球上最好的踢球者？梅西！梅西！

2. 体育语言的律动性

体育语言是一条奔流不息的大河，河面上的层层波浪就是其生命的律动。体育语言的互动性依赖于动态性的语言交流，而动态性的语言交流就是反馈式的体育语言表达。体育运动本质上是身体的运动，尤其是竞技体育是要展示身体的美，而身体的律动是体育美的源泉，僵硬的肢体终究不会显示和制造体育运动的美。身体律动的美被能够发现人类身体

---

① 余柏、袁霞辉：《实用演讲范例全书》，哈尔滨出版社 2011 年版，第 369 页。

之美的眼睛捕捉,演绎成音乐、美术、舞蹈、摄影、电影等等。譬如有人认为,断续性影像就回应着一种逻辑:将人体视作是节奏性片段所构成的动态序列。这种完全建立在科学知识的基础之上的观念,构成了人体的运动性的一种基本要素,不仅拥有美学上的特征,还具有一种奇观的性质。[①]

　　有声语言作为人体的一部分,本来就能够跟随人体的律动,成为身体律动美的一部分,而且声音器官被声波催动又会产生另外一种律动美。作为体育解说词,若能做到铿锵有力、抑扬顿挫、富有律动、充满画面感,本身就给人以美的享受,遑论配上活力四射的竞技场景。简单来说,为了适应赛场上身体运动的节奏,体育解说词从音质、音节等方面就需要具有无限律动性。如何才能制造与比赛画面相匹配的解说语言的律动?我们认为,首先需要体育解说员情感充沛,这样其发出的声音才会富有弹性。声音有弹性才会具有律动性,而"声音弹性"的内在基础和动因是人的思想感情受外在刺激而产生的运动。[②]

　　除此之外,体育解说员还需要是一个语言学家,其能够善于组织和运用词汇与句子。冗长拖沓的语言显然无法达成解说词优美律动的要求,相反,若要体育解说词适应竞技体育的快节奏,并充满律动,则需要选择简洁明快和有韵律的语言。"韵律,是我们有声语言中极为突出的方面。从'音声化'的基本要求上说,它还包括吐字归音、运用共鸣、抑扬顿挫、轻重缓急……文字作品也应该看作是语言的记录,不能脱离这一要求。"[③]换言之,富有韵律和律动美的体育解说不应该仅仅停留在咬文嚼字上,还要让充沛的情感流淌在字里行间。例如体育解说员在解说女排运动员拼搏精神的时候:

　　(78)女排姑娘们,不怕困难,不怕流汗,不怕流血,不畏强敌,知难而上,敢于拼搏,敢于战斗。

---

① 劳伦特·吉多、陈晨:《律动的身体,律动的电影:舞蹈作为早期电影文化中的吸引力元素》,《电影艺术》2011年第5期,第113—118页。
② 徐树华:《论广播电视有声语言的诗性功能》,中国电影出版社2012年版,第127页。
③ 张颂:《朗读美学》,北京广播学院出版社2002年版,第78—79页。

某解说员在解说美国职业篮球联赛火箭队的比赛时,为球队当家球星哈登的疯狂表现叹服,解说道:

(79)"不魔疯,不哈登!"

某解说员在描述运动员之所以能够取得耀眼的成绩,是其在赛场下数年如一日的苦练的结果:

(80)"正所谓台上一分钟,台下十年功,差一年,差一月,差一天,差一秒,都不一样,都不行!"

还有某位解说员在解说女子体操的比赛中某著名运动员的赛场身姿,动情地描述:

(81)她跳着舞像美丽的蝴蝶般飞舞着,像婀娜多姿的柳条样扭动着,像轻盈的小鹿跳跃着,美得让人陶醉,让人动情,让人忘乎所以!

从这些体育解说语中,我们既可以看到体育解说员感情的释放,字里行间处处流淌着真情,而在感情的催动下,句势也简洁流畅绵延起伏,反过来,优美的语句与词汇也带动、显示和抒发出解说员的真实情感,可谓感情与词汇相得益彰。尽管,有些时候体育解说员受到运动画面感染而自我陶醉、自话自说,忘记了与受众进行互动,但是感情充盈、语句优美使得体育语言充满律动,并对语言互动性之阙如进行了莫大的弥补。

3. 体育语言的情绪化

基于个体的多样性,每个人或者每个群体表述体育语言样态不同,会带有明显个体情绪特征,这种带有个人情绪的体育语言谓之为体育语言的情绪化,或者经过个体或者一定群体情绪加工的体育语言。有人对语言情绪和语言情绪化加以分类,认为,语言情绪和语言的情绪化具有不同的义域:作为心灵体验、情感状态外化的语言情绪,和作为这种外化的普泛形式的语言情绪化,前者是一种审美因素,后者是一种审美形态。从语言情绪到语言的情绪化,是由审美因素向审美形态的自我进化。[①] 因为

---

① 吴义勤、房伟、胡健玲:《中国新时期小说研究资料》(上册),山东文艺出版社 2006 年版,第191 页。

此处我们主要将体育语言作为外在呈现的一种形态加以审视,故此此处所言的体育语言的情绪化主要是其作为一种审美形态所展示的情绪特征。

关于语言情绪化,人们在两个层面进行剖析。有人认为情绪需要控制,特别是诸如在法庭上,不能带着个人情绪组织庭审,避免语言情绪化[①],而有人则认为"语言的情绪化,像流水一样富有质感"[②],按此,语言情绪化恰恰是某种语言的特质属性,使其能够与其他语言辨识开来,具有一定的魅力和显示度,需要予以提倡。正如有人在述说文学语言的时候所言:"文学是语言的艺术。作为人们对现实生活反映的心灵创造产品,可以说文学语言几乎无一例外地被打上心灵的印记,是被'情绪化'了的。"[③]体育语言尤其是体育肢体语言和体育解说语言就是一种需要情绪化或者已然被情绪化了的语言。

不过,这里所言的情绪化了的体育语言是一种适宜的合理的体育语言,在此前提下,才能够值得大书特书体育语言的情绪化,否则过度的或者过剩的体育语言情绪化不值得提倡,反而需要加以控制和抑制,而过度化的美誉体育情绪化所能够带来的社会效益也是不可取的。故此我们主张,轻微的或者合理的情绪化是属于一种情绪宣泄,在一定程度上有利于彰显体育的魅力,尤其对于竞技体育而言,一定程度上的情绪化是必要的,不仅运动员,而且看台上的观众情绪都需要被调动起来。不过,过度的或者过剩的情绪化必然招致情绪失控以及场面失控,使得体育运动变了味道,反而有损体育的本质和尊严。就此我们将在下文分析体育语言的失范问题时予以重点阐释。

至于体育语言情绪化的具体表现,则需要根据不同的体育语言形态以及表达主体不同而做细致划分。体育肢体语言虽然是无声语言,但是在一定程度上能够显露语言表达者的情绪,哪怕一个眼神、一次握拳、一

---

① 贺荣:《尊重司法规律与刑事法律适用研究》(上),《全国法院第 27 届学术讨论会获奖论文集》,人民法院出版社 2016 年版,第 559 页。
② 程光炜、吴圣刚:《墨白研究》,河南大学出版社 2015 年版,第 41 页。
③ 张沈立:《辽宁社会科学文库》(论文第 3 卷),辽宁人民出版社 2002 年版,第 1023 页。

次怒吼。在竞技体育比赛中,肢体的对抗与触碰难免会制造形式多样的体育肢体语言,而每种形态的体育肢体语言又会反映和显示出不同的情绪。例如对于运动员糟糕的运动态度和状态,教练员可能会通过吹口哨、大声呵斥、挥舞手臂、甚至怒摔战术板等方式予以提示或者激发。在必要的时候,教练员还会与裁判员发生肢体冲突并且不惜被罚出场外而怒喷裁判员或者场上第四官员等场务工作者。运动员的肢体语言表达形态就更为丰富多姿。运动员们有时可以为对手的良好状态和表现竖拇指、主动上前拥抱示好;也有可能像诸如拳击比赛前怒目相对,在比赛中故意高举双臂或者跳鬼步舞以暗示对方不能把自己怎样或者表达对方就是个孬种等意思以借机进一步激怒或者摧垮对方的意志。也有时运动员自娱自乐,为自己的一个进球、一次获胜而滑跪、跳桑巴舞、翻跟头、炫耀肌肉等等以忘情庆祝;还有时为自己的一次糟糕表现而拍自己脑门、不断指向自己的脑袋、怒摔球拍或者踢烂场边的计时牌、广告牌等。看台上的观众也同样容易受到比赛气氛的影响,或者在对方球员罚篮时手持耀眼的物体一起晃动以干扰对方,或者齐声高呼某位运动员的名字并做崇拜状,或者高举双手整齐划一地摆出人浪以示兴奋,严重或者异化的情况下,还可能朝向某位状态糟糕的运动员竖中指,甚至向赛场扔杂物以表达不满。

情绪的渲染本就是竞技比赛的一部分,无可厚非,而且在一定情况下需要刻意制造和调动这种情绪。所以,在赛场上,不时会有运动员面向观众震动手臂示意现场观众给以鼓励。不过,过度的情绪化则有百害而无一利。轻者,影响自己的情绪,乃至情绪失控;重者,对于运动员自己来说,情绪失控往往带来崩盘,从而决定比赛的最终走势和结局。

竞技比赛中这样的例子不胜枚举,例如 2018 年的美网比赛,在女子决赛中,当网坛巨星小威在自己的"后花园"遇到当时的菜鸟大阪直美时,却一度因为主裁判的警告情绪失控而失去竞技状态并最终成全了对手获得人生当中的第一个大满贯。运动员或者观众情绪化都可能致使对方运动员的身体或者心理受到伤害和打击。例如有不少运动员倒在对手的恶意犯规上,有些运动员甚至故意指向对方的要害部位,以至于对方受到重大伤害从此告别体育赛场。至于赛场上的侮辱性肢体语言,轻者如竖中指、重者如带有种族歧视的"打伞",可能会带来致命的伤害。这种侮辱性的体育肢体语言不管是谁发出的,运动员、裁判员、教练员,哪怕是看台上的观众,只要是进入到赛场中的人,每一个都可能成为体育肢体语言情绪传达者,也就意味着每一个人都可能因为情绪而煽动现场的气氛,从而制造赛场暴力。

这样的例子也有很多。譬如著名的奥本山宫群殴事件,发生于2004年11月19日步行者与活塞队的比赛中,是NBA历史上规模最大,处罚最重,影响最恶劣的群殴事件。本次事件起因是罗恩·阿泰斯特(后改名慈世平,笔者注)躺在技术台上,一名球迷向他泼洒啤酒,导致阿泰斯特情绪失控。阿泰遂冲上观众席暴打球迷。斯蒂芬·杰克逊跟上,也暴打球迷。[①] 这场因观众的情绪化和球员的情绪失控而发生的群殴事件后果还不算太严重。造成现场混乱出现踩踏而致死的足球流氓骚乱和因为民族歧视而引起的种族纷争的赛场暴力事件也层出不穷。著名的如2012年欧联杯比赛中,热刺客战拉齐奥,拉齐奥球迷在比赛时高唱:"犹太人,热刺;犹太人,热刺。"这一带有种族歧视的流氓话语引发了赛后的流血事件,其中1名热刺球迷颈部被捅,伤势严重。

不仅仅是运动员、观众等现场人员呈现体育肢体语言情绪化特征,有时体育解说员也容易受到体育氛围的感染而致使其体育解说语出现情绪化。如上文所言的体育肢体语言情绪化一样,适度的情绪化可以让体育解说词更加具有感染力,让体育语言更加立体与饱满,从而一方面给体育解说员打上个体烙印,另一方面也为受众制造出一场听觉盛宴。但,正如上述,任何事物都过犹不及。体育解说语言过度情绪化会使得解说词受制于情绪而脱离体育解说语言社会功效控制,并致使体育解说语走形乃至变异。体育主持语和体育解说语言根本上属于一种互动语言,是需要与受众进行互动的一种语言,而不是解说员或者主持人自顾自说。"互动社会语言学除了重视交际意图和交际的理解过程外,也非常重视交际参

---

① https://baike.baidu.com/item/%E5%A5%A5%E6%9C%AC%E5%B1%B1%E5%AE%AB%E6%89%93%E6%9E%B6%E4%BA%8B%E4%BB%B6/545934? fr = aladdin.

与者之间的互动。"①体育解说语言负载了表述者过多的亢奋乃至不良情绪,一方面可能会带动或者感染受众的不良情绪,另一方面,还可能因为其不良情绪屏蔽了重要的赛事信息,从而扭曲了受众的体育比赛价值观。且不说体育解说员背离民族国家操守,因情绪失控而歪曲丑化国家体育政策,丑化、污化运动员的言辞应当受到批判与阻止,即便其因情绪过激而言语失当也应当受到告诫。正如一位足球解说员在解说一场足球比赛时,情绪过于激动,语出惊人。这一解说招致诸多球迷的议论甚至非议,被冠之以"解说门"事件。一位体育主持人将其评述为,"解说失声、情绪失态、表现失常、对球迷失礼。"②

　　由此可见,体育语言情绪化表达在所难免也不可或缺,并且能够体现体育语言的互动性,但是过度的情绪化则会轻者引起受众的反感,重者带来不必要的伤害,切不可随意为之,任其泛滥。

第二节　体育语言的修辞及功能

　　从古代开始,"修辞"就是"说话艺术"的代名词。③　一般而言,修辞是对语言的修饰与加工,就如同装饰材料之于房屋,可以说一个不经过任何装潢的房屋总让人不敢入住,一些话语如果不经雕琢,亦可能不耐听。正如有人指出:"我们用语言交流思想、传达信息,不仅要表达得准确无误、清楚明白,还应该力求生动形象、妥帖鲜明、连贯得体、新颖独特,尽可能地给人以深刻的印象和语言的美感。"④就此,我们在上述言及体育语言的基本范畴和特征时,多少已经提到过修辞对于体育语言生动性之重要性,并且亦已列举一些示例。不过此处仍然要对体育语言的修辞及其社

① 郑立华:《交际与面子博弈:互动社会语言学》,上海外语教育出版社2012年版,第54页。
② 周及徐:《语言历史论丛》(第1辑),巴蜀书社2007年版,第225页。
③ [德]迈克尔·厄尔霍文,蒂姆·马歇尔:《设计辞典:设计术语透视》,张敏敏,沈实现,王今琪译,华中科技大学出版社2016年版,第315页。
④ 黄伯荣、廖序东:《现代汉语(增订五版)(下册)》,高等教育出版社2011年版,第101页。

会功能进行进一步阐释,以发现不同修辞手法的使用对体育语言体系构建所起到的作用。

修辞不是单纯地追求语言的华丽,更不是简单地堆砌辞藻。对于体育语言而言,修辞能够增加体育语言的魅力,加强体育语言的表达效果。修辞的使用对于体育解说语乃至体育书面语都非常重要。从语言学角度上看,修辞是独立于语音、语境、语体、语用、语法与词汇的,但是它同时又离不开这些。在不同的语境中,选择什么样的语体,选择什么样的语料,语言表达效果自然不同。在如此发生"化学反应"的作用之下同样的修辞手法就不一定能够取得同样的语言效果。

笔者在此主要探讨体育语言运用修辞的必然选择以及体育语言中几种主要修辞格的运用及其产生的社会功效。

一、体育语言选择修辞的注意事项

体育的生动性和生活性决定体育语言的生动性和大众化,而要达此目的,需要对体育语言精心锻造。其修辞手法是构建生动活泼并且具有大众话语气质的体育语言系统必须借助的手段。尤其在体育成为国际化、大众化的活动的时代,体育语言是传递讯息的不可或缺的手段。在此过程中,修辞的作用格外突出。具体而言,修辞手法的运用可以提高体育语言的显示度和感染力,有助于提高表达者的社会认知和受众的认可,从而有助于体育信息更加准确无误舒畅地传递。对于体育语言的表达者而言,修辞的娴熟使用一方面体现出其强大的知识储备能力和语言驾驭能力,另一方面,也会在修辞的运用当中进一步提高自身的文化以及语言上的修养和鉴赏能力。

当然,"使用恰当的修辞方法不但能使意思明确、通顺地表达出来,而且能够做到生动、形象,产生感染力。如果修辞方法使用不当,不但收不到好的效果,反而会妨害意思的表达。所以使用修辞方法要适度、恰当。"①

具体而言,体育语言修辞格式的选用需要注意以下几点:

第一,单纯就各种修辞格使用技巧上需要注意区分应对。就拟人而言,需注意的是没有比喻词,直接用修饰人的词句把物人格化。就对比而言,强调对比的双方必须在同一个层次上,而且要截然相反。借喻和借代的使用上,注意二者的区别是一个"代",本体和代体之间加上一个"像"字不能成比喻。② 例如:

(82)小猪施魏因施泰格(德国足球明星),就不能说成施魏因施泰格像小猪,单独提到小猪就是借代,而非借喻。类似的情形如奶牛费德勒(瑞士网球巨星)、独狼罗马里奥(巴西著名足球运动员)等。

第二,要进行意义锤炼,力求准确妥帖。修辞的意境之美体现在选择与用语的凝练上,还体现在准确与妥帖上。尤其修辞用法的准确妥帖是遣词造句的基本原则,也是第一要务。脱离这一原则,就会破坏语境甚至语法结构。妥当与准确地选择修辞用法就会产生语言的美感与震撼力。优秀的体育语言表达者不会追求语言快餐,而是会在遣词造句上深下功夫,以求达到修辞用法意义深刻准确妥帖的原则与要求。例如:

(83)撒狗粮! 网坛名将比赛现场秀恩爱。"撒狗粮"以及"虐狗"等词是现代网络用语,是因网络上单身人士自黑为"单身狗"而起,其中"撒狗粮"比喻为秀恋情、秀恩爱。尽管这些个网络词语渐渐普及,但是并非人人皆知"撒狗粮"就是"秀恩爱"。表达者将这两种语体的同义词放在同一句子的前后,非但没有给人以重复之感,反而活泼贴切让人乐于接受。因为这两个词各安其所,相互诠释,用法妥帖,易于让人理解,满足了修辞上的需要,又照顾了受众的接受能力。

第三,体育语言修辞使用时要注意能够色彩鲜明从而增加句子的显示度。用词鲜明与否决定着语言表达是否鲜明有力,而发掘修辞色彩需要从感情、语体以及形象等三个层面展开。在感情色彩上,或者通过褒义

---

① 宋法仁:《汉语语病研究:语病的评析与修改》,甘肃教育出版社 2007 年版,第 23 页。
② 邬全俊、孙立权:《现代文批注阅读及试题探究 60 篇(巩固强化卷)》,吉林出版集团有限责任公司 2013 年版,第 138 页。

贬义等体现出来,还可以通过结合语境、借助于词语之间的相互衬托体现出来。例如:

(84) 现在看来,引进保罗,他并没有成为球队的黏合剂和发动机,反而成了最大的包袱。

(85)对于格林在球场上的暴脾气和因此经常吃 T①,他的队友笑言,格林简直就是球队的包袱。

在(84)句中,“包袱”之修辞的使用,在一定程度上表示一种贬义,而在(85)句中,基于格林对球队的贡献,有时候喷垃圾话和发脾气都是球队赢球不可或缺的因素,即便因此吃到技术犯规也会获得鼓励,所以这样的球员往往是球队获胜的功臣,对此,队友的“讥讽”乃为善意的玩笑。因此,此句中的“包袱”修辞的运用实则是将贬义幻化为褒义,起到加强语句感情色彩的效果,发挥了体育语言的修辞功能。此外,上述两例中,“包袱”一词本意为中性词,这里表述者选用了其引申义和比喻义,使其褒贬之义色彩更加鲜明。

修辞用法的选择还体现在其可以彰显词语的形象色彩上。这种形象色彩既可以通过颜色发挥其颜色效果,也可以通过物体发挥其具象功能。例如:

(86)2008 年 8 月 8 日晚 8 时,第 29 届夏季奥林匹克运动会在中国国家体育场隆重开幕。我们用超乎想象的创意、大气磅礴的气势、极具文化特色的表演,带给世界一个巨大的惊喜。一道耀眼的天光,激活了场内古老的日晷,2008 个方鼓闪亮银光,巨大的矩阵击缶迎宾,在观众的激情呐喊声中,场上闪出最后 10 秒倒计时。今晚,鸟巢变成了快乐的红色海洋,到处都是洋溢着笑容的脸庞。

这一段是 2008 年北京奥运会开幕式表演时的解说词,其中用了颜色变幻等修辞技巧以展示体育语言和盛大场景相呼应的功效。类似的句子比比皆是,“如闪电侠韦德(NBA 篮球明星)像一道红色的闪电,刺穿全场”等等。亦有利用动物等其他事物具象化某一对象的,例如:

---

① 在 NBA(美国男子职业篮球联赛)中,吃 T 就是指被判技术犯规,即 Technical Foul。

（87）奥尼尔(NBA 篮球明星)就是篮下巨无霸,像大鲨鱼一样吞噬对手。

类似的句子还有,

（88）穆托姆博(NBA 篮球明星)如同一道防守铁闸,镇守在篮下,无人能够跨越。

（89）他接发的站位十分靠前,脚上就好像装了马达一样,时刻做好即刻上网的准备。你根本就不知道他会怎样回球。

第四,对于体育解说员和体育主持人的口语化的体育语言来说,还要注重使用修辞时对发音的处理。怎么把特征用形象生动的语言表达出来,使之活灵活现地呈现在听者面前,这就要求借助口语修辞和声音技巧了。要让听者能有一种身临其境,如见其人,如睹其物的感受。①体育口语表达者若要达此效果,需要在运用修辞手法时至少需要在以下几个方面加以注意,即注意音节整齐匀称、注意声调平仄相间、力求韵脚和谐、讲求叠音自然。譬如解说员在介绍入场队伍时所使用的语句:

（90）看,这壮观的阵容,闪烁着花儿般的笑容;听,这坚定而有力的脚步声,衬托出我们那坚持不懈的信念。

再如:

（91）是雄鹰,就该搏击长空,让啸声响彻云霄;是蛟龙,就能畅游四海,惊涛骇浪任我逍遥。

如此等等,不一而足。

二、几种主要的体育语言辞格

辞格也称"修辞格""修辞方式"和"修辞格式",是在语境里巧妙运用语言而构成特有模式以提高表达效果的方法。辞格有多种多样,各有特点和表达效果。不同的标准有不同的分法,从大类到小类,有同有异。诸

---

① 李元授、白丁:《口才训练》(第 3 版),华中科技大学出版社 2016 年版,第 45 页。

如陈望道先生将辞格分为 4 类 38 格;张弓先生将辞格分为 3 类 24 格;唐松波和黄建霖主编的《汉语修辞格大辞典》共收录辞格 4 类 156 个。[①]

体育语言系统庞大,体育词汇浩如烟海,各种辞格在其中大量涌现,丰富和滋润了体育语言的色彩。笔者摘取其中几种常用的且具有典型意义的修辞格分别解析。

(一) 体育语言表达的双关辞格

双关是一语同时关顾到两种事物,在一定语言环境中利用语句的同音和多义的条件,使语句具有双重意义,言在此而意在彼。双关分为谐音双关、词义双关、句义双关。[②] 除此之外,还有语法、句法、情景等方面的双关用法。

谐音双关是指利用字词同音或近音的情况下,使其既具有一种本意表达,又具有本意之外的其他含义。[③] 在体育语言中,谐音双关的使用很普遍,体育新闻报道和体育现场解说中尤其多见。譬如,体育新闻报道中描述篮球队员姚明对于中国队的重要及对于对手的致命摧残,就运用了谐音双关之修辞方式,如

(92)对于韩国队来说,姚明真要命啊!

再如:

(93)"亚萍不亚,乔红亦红,乒乓 3 金 2 银已在囊中。"

此外,也有一些不理性的球迷对 NBA 篮球巨星詹姆斯进行侮辱性的谐音运用,谓其为"沾母屎"。这种谐音称呼有一定的渊源,即以其母亲曾经流传的所谓花边丑闻借机污化和丑化詹姆斯。

所谓语义双关,是指利用词语的多义性(本义和转义),使语句所表达的内容出现两种不同的解释,彼此之间产生双关。也就是说,词语表面是一个意思,暗中隐藏着另外一个意思。[④] 比起谐音双关,语义双关往往更

[①] 黄伯荣、廖序东:《现代汉语(增订五版)(下册)》,高等教育出版社 2011 年版,第 191 页。
[②] 孙汝建、陈丛耘:《趣谈:汉语修辞格的语用艺术》,中国财政经济出版社 2015 年版,第 72 页。
[③] 赵定烽、赵理超:《汉字文化学教程》,厦门大学出版社 2014 年版,第 154 页。
[④] 杨建峰:《幽默口才与社交礼仪》,南海出版公司 2014 年版,第 235 页。

常见。人们通常所言的一语双关其实在很大程度上就是指语义双关。在体育语言修辞用法中,语义双关随处可见。例如:

(94)保罗哈登燃料足,帮助火箭升空。

火箭升空意味着队伍获胜或者赛季成功,而且火箭也是这支 NBA 球队的名称。

再如:

(95)香港球迷看不起世界杯,只好到商场去蹭球看!

显然这里的看不起并不是瞧不上或者轻视世界杯,恰恰相反,是因为世界杯路途遥远,即便通过网络和电视收看,也费用昂贵。于是,不愿支付在家看球的费用,许多球迷便外出到酒吧、餐厅、商场等场所看球,而且世界杯气氛十足。而香港的酒吧和商场为了吸引球迷光顾,相继推出"世界杯"套餐,一些酒吧还愿意为重要比赛延长营业时间。[①] 从这个角度看,所谓的看不起是从字面含义上来理解的。

还如:

(96)勇士击沉快船取七连胜。

勇士本是 NBA 一支实力强劲的职业球队,"勇士"一词在此既表明了哪一支球队,又指明这支球队是勇者之师、王者之师。

此外,上文示例的"林一轮"既有语义双关,也有谐音双关,语义上意指中国羽毛球名将林丹最近状态不佳,各项大赛屡屡倒在首轮;汉语普通话发音上也与其姓相吻合,并且与我国的一位为人熟知的歌手的名字相谐音。

语法双关是利用语法结构的多种可能性造成的。[②] 它是指双关词语在词性、句法结构等方面的关涉。它包括词性的双关、词与短语的双关、句法结构的双关几种类型。这类双关多与语音、语义层面的双关糅合在一起,能在非语法层面上得到解释。[③] 体育活动尤其是竞技赛场,

---

① 语料来源网址: http://baijiahao. baidu. com/s? id = 16053879563484120178&wfr = spider&for = pc.

② 张宏梁:《辞格新识》,南京大学出版社 2015 年版,第 239 页。

③ 肖沛雄:《新闻与传播理论观照下的时代脉搏》,暨南大学出版社 2013 年版,第 89 页。

运动员的特殊体格异于常人,人们经常在体育语言中使用比喻、谐音等修辞格,如上文所言的奶牛、小猪、独狼,还如猎豹等。一些职业队伍的名称也多与动物有关,例如美国男子篮球职业联盟中就有老鹰队、小牛队、公牛队、灰熊队、森林狼队、猛龙队等球队。对此,很容易产生在语法上的双关表述。在一支球队击败他们的时候,往往体育新闻语言或者体育解说词描述为"猎鹰"成功、"屠杀公牛""痛宰猛龙"等等一语双关。

在针对具体运动员的语法双关用法上也例句繁多,此处试举一例予以说明:

(97)猎豹好事多磨(《体坛周报》第 2382 期)

该新闻作者利用名词"猎豹"和动词"'猎'豹"词性的变化,一语双关,饶有兴致。喀麦隆足球明星埃托奥因其速度快,被人们冠以"猎豹"的美称。在 2011 年夏季转会期,俄罗斯安日俱乐部对埃托奥青睐有加,经过和国际米兰俱乐部长时间的谈判协商,终花巨资将其招入帐下。"猎豹"作名词时,就是指埃托奥本人。"'猎'豹"分开理解时,"猎"是动词,指捕猎或实现某种目标;"豹"在这里特指埃托奥,是安日俱乐部追求的目标。"猎豹"一词两种不同的解读,生成了两个输入空间。它们共有的结构和组织映射产生出该合成空间的类属空间——埃托奥成功转会至安日俱乐部。两个输入空间的内容和结构投射产生合成空间,综合以上文化背景知识和认知模式,得出其层创结构——虽然谈判进程艰难坎坷,但埃托奥成功转会安日俱乐部对双方是皆大欢喜的结果。[①]

(二) 体育语言中的比喻手法

比喻,俗称打比方。修辞学上说,描写事物或说明道理时,用同它相似的事物或道理来打比方,这种辞格叫作比喻。所谓比喻,就是利用事物

---

① 王智杰:《体育新闻中双关语的认知理解机制研究》,《天中学刊》2012 年第 3 期,第 107—109 页。

之间的相似特征,以此喻彼,用一事物比方说明另一事物,增强语言的具体性,实感性和生动性。①

　　根据比喻的构成要素(本体、喻体、喻词)的不同,比喻可以分为明喻、暗喻、借喻三大类。② 有的在这三类之外,又增加了引喻、强喻、讽喻、回喻等等。③ 有人还立足于认知语言学视域,提出转喻与隐喻之类型。并认为隐喻是一种普遍的语言现象,在认知语言学中,隐喻不仅是一种语言修辞方法,而且也是反映人类抽象思维方式的具体体现。④ 当然有人认为,隐喻亦称"暗喻""暗比"。⑤ 在其看来,隐喻就是暗喻,反之亦然,即暗喻就是隐喻。而转喻又称换喻、借喻或借代。⑥

　　虽然转喻和隐喻或许只是借喻与暗喻的换一种说法,但在认知语言学视域内,这一称谓的使用还是具有特别意义。而且在学者看来,转喻和隐喻有明确予以区分的必要。转喻所涉及的两个事物属于相近的范畴,甚至是同一个范畴。因此隐喻是不同认知域中两个概念之间的映射,是一种近似关系,其基本功能是理解。而转喻是同一认知域中两个概念之间的映射,是一种邻近关系,其主要功能是指称。⑦

　　在体育语言尤其是体育解说语中,使用比喻手法能够增强语言的生动性并且契合体育运动气质,符合体育赛事氛围。体育新闻语和体育解说语中的明喻现象比比皆是,加之明喻旨趣简洁明了,无须做过多语言学上的分析。而在认知语言学上,隐喻和转喻具有较高的分析价值。通过具体的语料分析,会发现,对于隐喻的使用往往呈现复杂多元的态势,也

① 汪洋:《语文修辞》,上海交通大学出版社 2013 年版,第 53 页。
② 黄伯荣、廖序东:《现代汉语(增订五版)(下册)》,高等教育出版社 2011 年版,第 191 页。
③ 袁晖:《比喻》,安徽人民出版社 1982 年版,第 12 页。
④ 薛玉庄、吴晓红:《体育解说语中隐喻和转喻的研究》,《商丘职业技术学院学报》2015 年第 4 期,第 98—101 页。另外,关于体育语言中转喻、隐喻的用法以及隐喻的具体类型,笔者受到薛玉庄、吴晓红两位同志的分类的启发,并在一定程度上借用了其中的一些分类表述,在此予以说明并感谢。
⑤ 朱立元:《艺术美学辞典》,上海辞书出版社 2012 年版,第 237 页。
⑥ 高伯梅:《语言符号"非任意性"研究——认知语言学框架下的多模态语言分析》,南开大学出版社 2014 年版,第 154 页。
⑦ 刘宇红:《隐喻的多视角研究》,世界图书出版公司 2011 年版,第 146 页。

使得隐喻呈现多种类型。笔者将于此力图一一剖析。

其一，建筑物或者地名隐喻。建筑物或者地名历来有主客之别，有福地也有伤心之地，对于运动队伍和运动员来说，从经验上看，某些地方的确成为其获取好成绩的福地，但也的确有某些地方是其伤心之所或者梦魇之地。以不同的建筑物或者地名隐喻和映射了一种主客场地关系。例如：

（98）2018 年 10 月，在德章泰、穆雷和朗尼·沃克双双躺病床的多事之秋，马刺后卫线一度成了联盟各队的后花园，米尔斯和福布斯除了自己以外几乎谁都防不住，马刺的防守效率从上赛季的联盟顶级一路暴跌到谷底。[①]

"后花园"是闲庭散步的地方，比喻素来以体系完善著称的马刺队的防守存在严重漏洞或者球员态度不端正防守不积极，基本上等同于不设防或者没有任何防守强度，由此任由对方予取予求，进入攻击范围"如入无人之境"，得分如"探囊取物"等。这一比喻的使用给人带来即时性的画面感，并且能够让人想象到球队教练的失望以及对手的喜悦之情。

为体育语言系统常用的此类的隐喻还有诸如"福地""温柔乡""伤心地""无人之境""攻陷城池""攻城拔寨"等等。例如：

（99）代替低迷的老大率队攻城拔寨，火箭队有他真是太幸运。

（100）中国足球的福地，每个中国人都希望五里河式的奇迹再现。

（101）扎哈维或借口伤势缺席国家队比赛，不想去伤心地。

其二，底线隐喻。底线亦可谓之底限，是做人也是做事情的紧要关口和最后的准则。在攻防转换的体育赛事中，防线的设置往往按照层次或者位序进行划分。以足球战术队形布置为例，一般可以将其划分为前锋线、中场和后卫线。在应对对方的攻击时，前锋线由守转攻成为第一道防线，而后卫线则是最后一道防线。所以当体育解说词中提及攻破最后一道防线，那么距离攻陷城池就不远了。所以"最后一道防线"往往投射出

---

① 潘志立：《德里克-怀特：好饭不怕晚》，网址：http://sports. 163. com/19/0119/08/E5SD2IDL0005877U. html.

事物的紧要关口或者最后的手段。还有其他类似的隐喻诸如"最后一张王牌""底牌""压箱底""救命稻草""王炸组合""还魂丹""绝活""锦囊妙计"等等。用这些词来映射或者投射运动员已经使出最后一招,成败在此一举,或者在逆境中能够起死回生。例如:

(102)眼看真的要"出事",克洛普不得不派上"压箱底的沙奇里"全力强攻(笔者注:克洛普是英超球队利物浦队的主教练,沙里奇是该队的超级替补)。

(103)郎平手握最后一张王牌?终结 10 年三大赛尴尬纪录,女排靠她?

(104)世锦赛中国首次被禁赛,全国锦标赛能否成为举重梦之队救命稻草。

其三,机器隐喻。如同体育语言系统一样,机器本身也是一个体系和系统,由不同的零部件构成。而不同的零部件在特定的语境下会呈现不同的语义指向。体育解说语等体育语言善于利用机器的零部件或者机器整体映射不同的语义。在不同的场合,可以进行不同的语言组装。在针对诸如足球等多人组成的团队而言,有时体育语言表述者可以用机器的零部件来投射每一位运动员,反之也可以用不同零部件的有效组成来投射这个团队整体。例如:

(105)当四驱发动的德意志战车马力十足,朝着世界杯而去的时候,德国人特有的严谨和一丝不苟的精神就充分发挥出来了。

此句中,运用"德意志战车"来映射德国男子足球队技术精良精密操作的无坚不摧的姿态和铁血斗志。类似的机器隐喻还有"绞肉机""推土机""发动机""坦克车"等等。

在相反的方向上,对于机器隐喻的使用,以零件投射团队中的个体成员的例句如:

(106)每一个队员……都是整部德意志战车不可缺少的一个零件,整个德国队也是因为每个零件的出色,才显得如此毫无破绽。

可见,把"车"作为运动队伍隐喻成为体育语言系统中的一贯做法。再如:

(107)近期状态不佳的利物浦极有可能在主场再次翻车。

其四，动物隐喻。竞技比赛中比的不仅仅是技艺，核心还在于身体。人们经常在赞叹一些优秀运动员为天赋异禀，不仅仅是赞叹其对某项体育技艺的领悟能力高人一筹，重要的是赞叹其超越常人的身体天赋。诸如闪电博尔特、大鲨鱼奥尼尔、拳王泰森等等。当然与其他动物相较，在自然属性上，人类的身体力量比不过狮子老虎，敏捷程度比不过猎豹，所以当人们遇到一些身体素质超常的运动员总会与一些动物联系在一起，利用动物的某种技能投射出人类的身体素质和能力。因此在比拼身体的竞技赛场，一些身体动作具有了动物相通的地方。

(108)贝弗利拥有疯狗一般的精神，随时准备撕咬对位球员。

(109)纳达尔在就是网球场的蛮牛，从来不知疲倦，不惜体力。

(110)当猎豹遇上狮王，这一攻一守，就看谁能笑到最后了。（笔者注：猎豹乃前锋埃托奥的称号，狮王乃守门员卡恩的称号，这两者正好处于足球场上一攻一守的位置）

其五，身体隐喻。隐喻是人类认识世界的一种重要的认知方式。人类由近及远、由远及近，由实体到非实体，由简单到复杂的认知规律决定了人体部位器官是人类认知世界的基础和近水楼台。人们常常利用自己最熟悉的身体器官和部位去指称、描述和形容其他领域的概念。因此身体隐喻实质上是一种概念隐喻，是人类认知世界的一种重要方式。人类一方面通过自身可以认识和了解周围那些复杂的、不熟悉的和抽象的概念。另一方面，身体隐喻揭示了人体以及人类的身体经验在人们理解外部世界的过程中所起重要作用。①

身体作为一个系统，由不同的"零部件"，也就是各种身体器官组成。常用来隐喻体育领域事物的有"大脑""两肋""后腰""手脚""腹部""中枢"等等。身体状态有时也成为运动员或者运动队伍竞技状态的隐喻，常见的词汇如"生""老""病""死""活""睡"等等。特别对于一起作战的运动团

---

① 潘明霞：《词汇 认知 文化——汉英"身物互喻"词汇对比研究》，电子科技大学出版社 2014年版，第 2 页。

队,其作为整体就犹如人的身体,而团队中的每一位成员则相当于身体中的每一个器官。譬如足球队中的前锋、中卫、后卫和守门员,甚至在具体化到每一个位置的人员,可以在人的身体器官之"大脑、头、脚、肋、腹部、骨头"等等找到对应部位。而身体的状态好坏亦可以对应隐喻团队中运动员竞技状态的好与坏。所以用于解读体育赛事的现场解说语和新闻报道喜欢利用人身体的部位和状态影射比赛状况。具体示例如下:

(111)巴萨终找到中场大脑接班人,不可动摇的球场指挥家。

(112)在赛场上,武 XX 就像球队的大脑中枢神经系统,组织和接收每个人的信息,在比赛落后的情况下,勇于站出来稳定军心,积极组织有效的进攻,将比赛结果扭转。

(113)不论在洛佩特吉还是索拉里时期,也不管担任殿后任务的是卡塞米罗还是略伦特,有一名专职后腰的好处,是能将克罗斯和莫德里奇解放到前场投入进攻。本场皇马改打双后腰,最大的问题在于只剩一名前腰,影响了攻击力量。

(114)利物浦直插蓝军两肋!菲尔米诺闪电突破。(笔者注:蓝军为英超球队切尔西)

(115)霍奇森的球队绝对是强队眼中"难啃的骨头"(笔者注:英超球队水晶宫队的主帅为霍奇森)。比起"血肉""骨头"作为人体器官可谓最为强硬,将死缠烂打或者铁血防守的队伍隐喻为难啃的硬骨头,也算是煞费苦心。

在运用步履蹒跚、裹足不前、老态龙钟、病入膏肓等表示身体状况或者状态的句子、词汇来比喻体育赛事情境的亦不胜枚举,此处略举一例。例如:

(116)当老态龙钟的广东遇到如狼似虎的新疆,结果已经很明显了。

其六,历史事件与军事战争隐喻。历史事件隐喻尤其是借用历史上的战争事件和现代军事用语隐喻是体育语言隐喻中常见的修辞格。几乎可以说,对于激烈的竞技体育运动而言,军事、战争和历史事件隐喻更为常见。早在多年前,就有研究者注意到这一现象。其收集一些体育新闻标题诸如,"中巴大战进入白热化 巴西女排奋起反击扳回一局"、"备战世界杯亚洲 20 强大战　李彦：国足要敢于'亮剑'""俄罗斯女排未抵挡中国攻势'咆哮主帅'默默离开"。该研究者认为，在这一系列体育新闻报道的背后，隐含着"体育就是战争"的思维模式，从修辞学上讲，也就是战争隐喻。[①]

至于为何体育解说员和体育新闻报道者青睐军事和战争隐喻，其中一个重要原因在于，和平年代，国家或者民族间的对抗在一定程度上是通过体育竞技来实现的，换言之，体育运动具有政治属性，就此，上文已有一些表述，下文还将其作为专门章节进行论述，于此不复赘述。另外的原因在于，竞技体育具有激烈的对抗性，特别是互有攻守的情形类似于两军对垒，故此，体育语言中出现大量的军事、战争隐喻之辞格也就在情理之中了。

借用历史事件以及历史故事隐喻现实是文学、宗教、艺术等常用的修辞格，体育运动的深厚历史和现代民族政治意蕴亦同样能够轻易勾起体育语言表述者的思绪。其常常挂在嘴边的词汇诸如"遭遇滑铁卢""败走麦城""大意失荆州"等等。体育语言运用历史事件或历史故事隐喻的具体示例如：

（117）俄罗斯世界杯，德国队作为卫冕冠军，遭遇了球队在小组赛出局的最差成绩，网友热议一针见血地指出：从主教练勒夫身上找到德国在世界杯遭遇滑铁卢的四大原因。

（118）国王杯败走麦城，皇马地位能否被撼动？

关于战争或军事用语之隐喻，体育语言表述者往往用"大战在即""战幕拉开""摆开阵势""拉锯战""火力全开""攻防转换"等来隐喻比赛场景；用"死敌""蓝军""红军""军团""疲惫之师""虎狼之师"等来称呼比赛队伍；并用"并肩作战""战友"来隐喻团队及队员之间的关系；用"战士""勇士""主帅""麾下""士兵""前锋""后卫"等隐喻比赛双方的队员和教练员；用"擂台""坐镇""指挥""冲锋""杀敌""轻敌""攻陷城池""单枪匹马""披

---

① 付晓静：《1990 年代以来媒介体育传播中的民族主义话语建构》，华中科技大学出版社 2014 年版，第 108 页。

挂上阵"等隐喻运动员临场比赛状态;用"布防""排兵布阵""给养不足"
"启用预备队队员"等词语表述两队战术安排和临场调度;用"负伤""伤亡
惨重""损兵折将""防线形同虚设""兵败如山倒""寡不敌众"等隐喻一方
队伍及其运动员像战士一样被击伤和击败;用"苦战""恶战""僵局""势均
力敌""拉锯战"来隐喻比赛双方的态势;用"战至最后一兵一卒""血战到
底""血染战袍""过关斩将""连战连败""捷报频传""刺刀见红"等隐喻队
伍及其队员比赛的决心和临场拼搏的状态及精神;用"人仰马翻""血流成
河""血洒疆场""硝烟弥漫""战死疆场"等来隐喻比赛状况的惨烈。

表示关于战争、军事隐喻的用法具体示例除了上述所列举之外,还有
下面相对应的例句:

(119)比赛伊始小威有些慢热,开场双误葬送掉第一个发球局,她马
上火力全开反破得手。……第4局世界第一赢下比赛至此两人最长的底
线拉锯战。

(120)"美女战士"莎娃仍有梦想需要实现。

(121)中国男篮主教练宫鲁鸣赛后表示,球队在大比分领先的情况
下输球,主要原因在于轻敌。

(122)中国又迎一重大赛事! 女排将坐镇主场再战死敌,奖金多达
三千万!

(123)本场比赛是勇士主帅史蒂夫·科尔执教的第 250 场 NBA 常
规赛。

(124)9 月 27 日晚,八百流沙的将士们集结完毕,从敦煌山庄乘车奔
赴至本次赛事的起点瓜州阿育王寺遗址,共同等待 28 日零点的到来!

(125)世界杯大战在即,各路豪门都有短板,谁能夺杯,还得靠上天?

(126)作为昔日欧洲第一铁血之师的马竞,遭遇近 7 年来最惨痛的
失利! 西蒙尼的神话,从本赛季开始逐渐凋零。

(127)加图索,莱昂纳多,马尔蒂尼,真正的红黑军团回来了。

(128)申花本土高中锋新赛季强势爆发! 连续进球未来可为国足攻
城拔寨。

(129)泡椒三分连珠炮打蒙对手最后时刻昭显冷血本色。

（130）纳什躺枪呀，作为一个球场上的优秀指挥官，却不能掌控球队，只能做一个狙击手。

（131）6 日男子看点：费德勒战小德同胞死亡半区战况惨烈。

（132）库里 3 分有何特点？出手只要 0.3 秒，优美弧线如同巡航导弹！

（133）卡兰加在身负重伤的情况下仍然踢满全场并且还奉献了一粒金子般的进球。

（134）张琳芃血染战袍被迫离场 7 分钟，无球衣可换现场"造"5 号。

（135）皇马被 2.7 万人口小镇球队吊打，巨星后防线形同虚设，老佛爷黑脸。

（136）伊朗对阵日本。此前 5 场比赛 1 球未失的伊朗人在比赛前半段占据着场上优势，但进攻端的相对粗糙让他们没能敲开日本球门，然而下半场中段"波斯铁骑"连续犯错给了日本人机会，大迫勇也再下一城，原口元气补时阶段锦上添花，不可一世的伊朗人连中三弹，就这样倒下了！

这一段描述完全就是将亚洲杯两支队伍的比赛当成战斗来描述，用"对阵"以示双方剑拔弩张，严阵以待；用"波斯铁骑"既呼应了历史上的伊朗铁血之师，显示了这支球队的即战力；"再下一城"亦属于军事用语，用攻城掠寨来表述一方进攻的有效性和成果；直至运用"连中三弹"表示伊朗一方连受重创，最后捐躯沙场。

（137）北京时间昨晨的斯坦福桥，红蓝两军的对垒更像是一场桥头堡阻击战。没有太多的技术含量，有的只是刺刀见红的殊死搏斗。

尤其最后一句，在描述英超联赛中两支劲旅利物浦和切尔西之间的对垒，多处使用军事和战争隐喻手法，将两队之间一场普通的比赛描述得更像是一场没有硝烟的战斗。

《体坛周报》记者梁宏业一篇报道更是将体育赛事当成一场你死我活的战斗来写，场面也血腥刺眼。其在文中写到："做球员，瓜迪奥拉的恩师是克鲁伊夫；做教练，他的启蒙老师则是阿尔梅里亚主帅利略。没想到正是学生瓜迪奥拉的巴萨客场 8 比 0 屠杀阿尔梅里亚，让老师利略被就地免职。尽管这不是瓜迪奥拉的本意，尽管正如利略所说，子弹早已打进他的身体,只等鲜血流出胸膛。"

其七,艺术表演隐喻。体育作为一种技艺不仅仅体现为强生健体和凸显民族精神的功效,还的确通过一种身体素养及训练成果的展示带给人以美的享受。绝大多数的竞技体育是作为一种表演形式出现的,这一点与任何人类艺术是相通的。正如舞台大幕拉开,演员渐次出场,带给人视角和听觉上的冲击,体育场就是表演的舞台,而其中的教练员、运动员成为体育技艺的表演者。基于这种相通性,体育语言表达者就会融会贯通利用艺术表演的一些隐喻修辞格来映照体育活动中的对应物,并产生和构建属于体育语言学的阈域。

例如:

(138)世界杯来了!四年等待结束,大幕今晚开启。

(139)骑士!勇士!连续四年,总决赛都是同样的剧本。

(140)同样的剧本却不一样的结果,梅西的国家队生涯注定是悲情的!

(141)桑巴舞起来,巴西队四夺联合会杯。

(142)大梦奥拉朱旺的梦幻舞步,堪称中锋脚步专家。

(143)这演技当球员太可惜了,全是当影帝的料啊。

(144)能拉小提琴的脚法!球队攻防转换全靠这些大师。

(145)人们总以为职业拳击家的两只手一定像又大又壮的脚爪一样,可实际上,格里·库尼的手腕以下,几乎被认为像音乐会中的钢琴家那样。

(146)新老天后同场竞技金妍儿关颖珊共谱华美乐章。

第三章

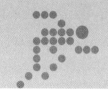

体育语言的失范与规范

按照《现代汉语词典》的解释，规范是"约定俗成或明文规定的标准"①，失范就是不符合规范要求。体育语言需要规范，就是指体育语言要符合一定的标准，如果不符合这些标准，就意味着失范。语言需要规范，无论是过去还是现在，人们都很明确，国家也制定了相关的政策。②

体育语言自然不能例外，而且，基于体育语言产生和应用场域的特殊性，它需要更多的针对性的规范机制。体育语言的机巧性和情绪化等特征也能在另外一个层面反映其具有一定失范情形。尤其作为特殊个体或者特殊领域，更加需要规范自身的语言表述。例如之于个人，人们往往容易陷入"自我对话"，即自己与自己说话。这是指从自己的想法和语言习惯中自然而然产生的话语表达方式。③ 而这种自我对话或者以自我为标准就会带来语言的混乱。因此作为体育语言这一特殊的语言体系需要引以为戒，不能脱离整个语言系统的规范要求，更不能脱离社会秩序对语言表达的要求。

体育语言系统正在逐步完善，但不可否认，它仍然遭受来自各方的诸多因素的冲击而导致其在一定程度出现紊乱和失序现象。这些因素主要包括，经济浪潮冲击、人们追求短平快的心理因素、良莠不齐的体育媒体

---

① 中国社会科学院语言研究所词典编辑室：《现代汉语词典(第 6 版)》，商务印书馆 2013 年版，第 489 页。

② 何九盈：《全球化时代的汉语意识》，语文出版社 2015 年版，第 196 页。

③ ［韩］尹治英：《动人心扉的对话法》，施健译，光明日报出版社 2015 年版，第 23 页。

的介入、体育语言表达者自身的素养缺失、相关法律制度规范不完备、人们对体育语言失范现象关注不够,因而对其规范力度不足,如此等等。正如学者指出,"在体育语词构成中,其实,不合逻辑、不合规律且约定俗成的影子处处可见。"当然,该学者之意在于强调约定俗成的力量,即,哪怕一些体育语言和词汇不符合逻辑、不符合规律,只要说出来了,被人们接受了,就无大碍,就顺理成章。所以,他强调"对超出语言规律和逻辑事理的语言事实,绝不能轻易地以不合乎规范为理由而加以排斥。"相反,应当鼓励创造新的体育词汇与语言,并反诘道"若古往今来谁都不创造,那么,汉语言又怎能得到如此的丰富和发展呢!"①对此,笔者表示赞同的是,该学者注意到体育语言中存在不符合逻辑不符合规律的新词汇,但是并不敢苟同其关于只要这些词汇被人们接受,即成为"约定俗成"就无可厚非了。

其实不然,在笔者看来,这些不符合规律和语言逻辑的所谓新词恰恰是体育语言失范的一种表现,而且可以肯定的是,尽管这些新意十足的体育词汇可能会一时间被某一类人接受并有可能成为流行语,但是其根本的和致命的语言逻辑混乱及其制造的缺陷终将致其在语言的长河中被大浪淘沙,最终被洗涤得一干二净,并决定其不可能成为人类整体哪怕是一部分人的语言习惯。

故此,我们认为,应当对体育语言失范现象给予足够的关注和清醒地认识,在此基础上,寻求妥当的规范之道。所谓体育语言的规范,主要是指语言学上的规范,但不能排除对其进行制度尤其是法律上的规范。体育语言之语言学上的规范既包括语法上的规范,也包括语言逻辑以及修辞上的规范。体育语言法律制度方面的规范,主要是指将体育语言的运行纳入制度框架和法律规范上来,以法律和制度作为维系语言道德的最后保障,一方面使其因为有了制度保障和法律规范而赢得传播的依据与通道,另一方面当体育语言自身体系因失范严重而泛滥成灾并惹祸上身

---

① 张庭华:《树立正确的国家体育语言规范观》,《北京体育大学学报》2009 年第 2 期,第 44—47 页。

时可以寻求制度和法律上的庇护。

第一节　体育语言的失范现象

现代社会,语言失范几乎成为一种普遍现象。这种现象存在于各个领域的语言系统中。有人对于新闻标题进行归结发现,新闻语言失范现象较为严重。因为体育语言也经常会涉及到体育新闻传播的问题,于此应当有相通之处。故此笔者将其对报纸新闻标题的语言失范界定记录下来。其认为:"所谓语言失范,是指由于作者认知、语言表述等方面的缺陷,造成标题或偏离了客观事实,或偏离了正常的表达方式,使读者不能从标题中获得话语的正确含义。"[①]体育语言的失范亦大致如此。

体育语言失范现象既是一种语言现象,也是一种社会文化现象。随着社会体育、大众体育和学校体育的普及,以及网络、电视、自媒体等通讯手段的介入,人们亦对竞技体育有了更多渠道的了结,这些都促成体育语言几乎成为人们日常语言的一部分。但也正因为此,体育语言的滋生和生存环境更为多变,体育语言的表达群体更为复杂,因此难免出现体育语言的多样化以及泛化、异化等失范现象。体育语言的失范现象主要表现在语言规范上违背语言逻辑、语言规律和语法构造,以及在特定场合尤其是在竞技体育中过于受到情绪渲染而致出现体育语言情绪化色彩较浓等现象。

体育语言失范现象表现多样,既有语体、语用、语义、句法、语法构造、语境设置、标点符号使用、修辞使用不当等等语言学上的不规范,也有其在认知和社会功能表达上的不规范,还有语言误导、曲意理解等失范现象。根据不同的体育语言表述人,失范情形又有所差异。不同体育语言表述者包括体育立法者、体育司法文书撰写者、体育仲裁裁决书撰写者、体育纪律处罚决定书撰写者、体育新闻撰写人、体育主持人、体育解说员、

[①] 朱军、盛新华:《报纸标题的语言失范及解决方法》,《新闻界》2006 年第 4 期,第 132 页。

竞技体育中运动员、教练员、裁判员、看台上的观众等参与人、学校体育中的体育教师等,这些不同的身份、不同的对象以及不同的情境会产生不同的体育语言失范现象。在其中,有研究者关注体育教师的语言失范现象,其认为,语言失范是指在学校的各种教育教学活动乃至生活中,由于教师使用冷言冷语、蔑视、嘲笑等讽刺性、歧视性的语言,直接或间接对学生的自尊、自信、智力、情感、心理和人际关系等构成伤害的行为。体育教师的语言失范主要表现在口头语言失范、肢体语言失范等方面。[①] 对于诸多具体的体育语言失范现象,在此笔者不再一一述说,只是笼统就体育语言的泛化、异化以及情绪化等几种典型现象加以重点说明。

一、体育语言的泛化

有人认为,体育语言尤其是体育术语的泛化表现在两个方面,一方面是在体育系统内部的泛化,另一方面是由体育系统扩展至其他领域的泛化。在其看来,体育术语在体育系统内部的泛化使这些词语的内涵更加丰富,语言表达更具生命力。体育术语的泛化是一种创造性的使用,它极大地丰富了现代汉语的词汇系统。体育术语的泛化可以增加语言的表现力,既可以产生许多比喻义项,又可以传播本领域的思想观念,这都将影响语言使用者观察认知事物的角度。[②]

的确,术语泛化作为语言中词汇系统自我更新的有效途径,对言语活动产生了深刻影响。[③] 以此而言,体育语言的泛化不仅对体育语言系统的完善与更新起到一定的促进作用,而且对体育活动与其他社会行业的融通亦起到一定的促进作用。体育语言广泛运用于其他行业领域,对于人们认知体育及体育术语有所助益,也有利于体育术语的传播。所以在一定意义上,体育语言泛化并非严格意义上的失范行为,即便是不合体育

---

① 孙利红:《体育教师课堂语言失范的表现、成因及矫正》,《教育理论与实践》2012年第5期,第34—35页。

② 杜璇:《体育术语泛化分析》,《湖北职业技术学院学报》2015年第3期,第53—55页。

③ 刘一梦:《医学术语语义泛化现象简析》,《修辞学习》2009年第6期,第30—39页。

语言系统的逻辑及其规律,但从体育语言的社会传播方面来看,这种失范也是一种良性的失范。

而且,从认知语言学和社会语言学角度看,体育语言的泛化发挥了社会效用并促进了体育行业与其他行业的融合,起到链接体育领域与其他领域黏合剂的作用,能够在一定程度上提升人们对体育活动的兴趣与认知。从规范语言学角度看,体育语言的泛化能够丰富体育语言的分支系统,增强整个社会语言的表现力度和美学意蕴,体育语言的泛化行为能够把体育语言的简洁生动形象注入社会其他行业并且与其他行业语言嫁接增强语言的创新价值。

不过,在体育语言泛化现象中存在一种曲解,即认为体育语言中存在一种动物语言,或者体育语言有一部分来源于动物语言。体育语言尽管存在体育肢体语言等无声语言,而且的确有些动作是在刻意模仿动物,比如金鸡独立、白鹤亮翅等一些武术动作,甚至诸如体操等现代竞技体育中的动作。不过如果把体育语言类比于动物的肢体语言乃至动物发出的声音就是在矮化、泛化体育语言。正如学者所言:"语言是人类特有的信息交换的符号系统,就其抽象性、滋生性和开放性而言,与动物交换信息的方式有着本质区别。所谓'动物的语言'是'语言'的泛化。"①

与动物界乃至其他人类社会以外的信息交流认作是一种语言交流,是语言泛化的极端表现,容易予以驳斥与区分。体育语言在另外一种系统外的泛化则表现为在人类社会之内,却在体育领域之外,也就是体育术语与其他社会领域之间的交流界限过于模糊。它一方面表现为体育术语常常被借用于其他社会领域,另一方面其他领域的术语也被拿来放在体育领域从而成为一种体育语言。这种语言信息的交流是双向的,尽管在一定程度上体育术语在其他领域的应用有利于体育语言社会功能之传播,对于其他行业领域而言,新鲜的体育语言运用也确乎能够收到意想不到的效果。不过,值得警惕的是,这种方式嫁接出的体育语言总会显得不伦不类,而且在很大程度上会有损体育语言逻辑和体育术语规则。

---

① 李葆嘉:《汉语起源与演化模式研究》,黑龙江教育出版社 2002 年版,第 381 页。

譬如"冲刺"一词是用在径赛、游泳、速度滑冰等竞技体育中,形容运动员临近终点时发出最后的努力,全力奔跑。不过这一词汇已经被广泛用于其他行业,譬如期末冲刺、高考冲刺、业绩冲刺等等。"冲刺"这一术语用在其他行业可以算作一种比喻手法,似乎倒也无可厚非。但是其他体育术语或者专业词汇如此泛化使用则多少显得有些不妥。譬如"跳水"一词原本是一项竞技体育项目,有跳台跳水、跳板跳水和高台跳水等等。但"跳水"一词现在经常用在价格、股市等行情上,譬如"价格跳水""股市跳水",甚至用来形容一些比赛动作。相信当说话者蓦然说出"价格跳水"一词,有很多人会不理解其中之意。

体育语言泛化的现象还出现在同为体育领域中的不同体育项目之间。体育项目千差万别,有的讲究动,有的讲究静,有的讲究身体之美,有的讲究脑力之强。不同的体育项目和体育活动所产生和使用的术语亦迥然相异。所谓隔行如隔山,不同体育项目之间术语的串场自然会制造不必要的麻烦。例如,

(1) 英格兰 VS 比利时前瞻:三后卫对弈。

"对弈"一词本是围棋、象棋等用语,现在用在足球比赛中,泛指双方对抗或者对决。再如:

(2) 赞 N 次!九江龙舟队获国际赛大满贯,中国队首次赢取。

大满贯(英文:Grand Slam)原本是桥牌术语,解作赢得一局中所有的叫牌,而中文译名则来自麻将术语。[1] 后来最常见的用法见于网球界,之后逐步被泛化到乒乓球、羽毛球,再之后又被泛用在体坛之中一切运动项目上。如此用法,对于一些熟悉各种体育项目的"体育通"自然问题不大,但是对于专注于某一项体育运动的人而言,很难想得通"大满贯"究竟指的是什么?还如:

(3) 梭哈!里皮:明天把所有武器亮出来比赛没啥不可能。

至于这句中的"梭哈"一词,对于大多数人而言,更为生僻。梭哈,原

---

[1] https://baike.baidu.com/item/%E5%A4%A7%E6%BB%A1%E8%B4%AF/4242? fr = aladdin.

本除了指玩牌的游戏名称之外,还具体指游戏中一种行为,即在最后一轮下注中,玩家可以进行梭哈,所谓梭哈是押上所有未放弃的玩家所能够跟的最大筹码。所以梭哈可能在生活中引申出"压下所有赌注"的意思。[①]看来,(3)句中的"梭哈"是指参加亚洲杯的中国男子足球队主教练里皮压上所有的筹码,准备为球队晋级下一轮殊死一搏。

二、体育语言的异化

何谓语言的异化? 有学者认为,语言的异化,是指语言与实在(Reality)、语言与心灵(Mind)的关系扭曲。由语言创造的大千世界和受制于语言规范的心灵活动,反过来凌驾于语言之上。语言沦为手段或工具,其功能降格为"反映""再现""指代",符合实在或者心灵。语言内在的创造力被语言的创造物束缚;此说的锋芒所指,包括近代认识论(即知识论)视域内的一切唯物(实在)和唯心(心灵)一元化简论(monistic reductionism)及其政治意识形态。传统异化说只谈人的异化,而人的异化却源于语言的异化。[②]

虽然语言是普遍的形式,却由于自我意识所创造的世界是一个异化的世界,而导致语言也没能保持它的纯洁性,或者甚至可以说,现实世界正是通过语言而完成它的异化和教化的。[③] 从社会语言学角度看,语言异化为超现实的存在,它用内在的、隐性的抽象统治取代了外在的、有形的、直接的物质统治,创造了新型的"恐怖主义"。[④]

体育语言异化呈现出语言的多元化、碎片化、模糊化、超现实化、虚拟化、嬉皮化、亚道德化等多种状态。以体育语言碎片化这一明显特征加以简单分析来看,受到网络通讯特别是手机移动讯息的影响,人们的时间以

---

① https://wenda.so.com/q/1378794780069852.
② 王宾:《语言的双重异化之诊断——论纲》,叶舒宪主编:《文学与治疗》,社会科学文献出版社1999年版,第53页。
③ 高全喜:《自我意识论——〈精神现象学〉主体思想研究》,学林出版社1990年版,第183页。
④ 闫方洁:《西方新马克思主义的消费社会理论研究》,上海人民出版社2012年版,第136页。

及文化给养都呈现出被分割的趋势。在此背景下体育语言难免以网络语言碎片化的形象示人。有人认为网络所招致的语言碎片化会导致平面化思维，形成网络劣质思维氛围。在此氛围下呈现出语句碎片化、语义碎片化、文本碎片化、主题碎片化。[①] 基于目前绝大多数体育语言传达渠道就是网络，所以网络之外在环境难免会被一些体育语言表述者利用，并企图用最简短的语言表述最具个性的想法，从而致使一部分体育语言在一定程度上呈现语句浅显、支离破碎、颠三倒四、要素缺失、结构混乱、文白夹杂、相互转引、娱乐公众、博取眼球、随意支使等异化特征。

体育语言异化给体育语言系统带来的最直接的伤害就是动摇了体育语言的根基、破坏了体育语言的纯洁性，同时混淆了人们对体育语言的认知。正如学者所言："异化问题，社会的和语言的，仍旧是，而且在事实上很多情况下是，在恶化——人类主体，单个的个体主体，我们中的'每一个'在异化。"[②]体育语言的异化问题同样会制造体育领域的异化以及每一个参与到体育中的个体的异化。以此而言，它破坏的不仅仅是体育语言系统，还连带给整个体育社会带来损伤。

体育语言的异化程度不同，表现自然也有所不同。通过语料分析，可以看到，有些体育语言异化程度不高，属于轻微异化，还算可以控制，但有些异化则呈现泛滥和超越底线之势，谓之为严重异化，简直可以视为"异化的异化"，几乎达到不可救药的地步。

轻微异化表现在句法和语境等方面已然超越语言的规则和人类表达的正常状态，虽然有时的确能够给人以震撼并留下深刻印象，但终归因为不守语言规则而显得唐突。这一现象在体育现场解说词的语料中经常可以看到。例如一位足球解说员在解说一场足球比赛时，情绪激动，大声嘶吼，语言惊人，令人印象深刻，不过这一解说招致诸多球迷的议论甚至非议，被冠之以"解说门"事件。事后，该解说员也专门给球迷发送致歉信并通过央视五套予以宣读。而另外一位体育主持人将其评述为，"解说失

① 任福兵：《网络社会危机传播原理》，华东理工大学出版社 2017 年版，第 117—118 页。
② ［意］佩特丽莉：《符号疆界——从总体符号学到伦理符号学》，周劲松译，四川大学出版社 2014 年版，第 268 页。

声、情绪失态、表现失常、对球迷失礼。"[1]可见,在行使语义的主动权时,解说员有时会运用对比、夸张等方式来增添传播效果。如果解说员滥用自己的语义主导权,可能会在一定程度上影响受众对赛场内事实真相的认知。[2]

从收集的语料来看,为了追求离奇的效果或者表达狂妄的意念,一些体育语言表述者制造了诸多严重异化的体育词语。体育语言的严重异化已经超越语言道德的底线,不愿意接受语言规则的限制,任意突破语言逻辑,并且随意制造语境,组合语法结构,背离了人类语言的基本法则。这些体育语言表述者有的是狂热体育迷,有的则为专业体育媒体,有的是随口说出,有的则是以文字形式留在体育媒介之上。

例如基于中国男足与韩国男足之间的恩恩怨怨,一些球迷则在中韩足球大战时极尽语言之能事。各种国骂不说,还有其他一些不堪的语言融入体育语言词汇,例如"就是干""干死""弄死""整死""搞死";让人震惊不已。甚至一些专业体育媒体也用如下的标题:

(4)"让国足再飘一会啥也不想说只想干韩国。"

在另外一些比赛场合,尽管有些词汇被经常使用,似乎已经见怪不怪,但也属异化,例如"痛宰""屠杀""血洗",总会让人不寒而栗。还有某体育专业媒体某次世界杯上竟然以《狗日的世界杯》为题进行专业报道,让人瞠目结舌。

对于出现上述一些异化的体育语言,或许因为对阵双方素有恩怨,球迷甚至媒体一些言语上的偏离,还情有可原,另外一些故弄玄虚或者为追求离奇的目的而在体育语言表述时使用超越语言文明底线的词汇,则不可原宥。例如评说一个运动员水平高超使用"牛逼"一词,评说一位女运动员姿态优美用"绿茶婊"一词,评说一方队员被对方打得毫无反应,谓之为"一脸懵逼",如此等等。甚至一些专业媒体在进行一些体育项目报道

---

① 周及徐:《语言历史论丛》(第1辑),巴蜀书社2007年版,第225页。
② 林泊宇:《体育解说员的特色与发展趋势研究》,西安体育学院硕士学位论文2014年度,第11页。

时也使用一些隐晦且带有不良含义的词语以博取眼球。例如：

(5) 美呆了！想舔屏！某某（笔者注：艺术体操运动员）甜美亮相，小露玉腿诠释性感。

再如：

(6) 浓妆艳抹补强肌肉棒子花美男符合 NBA 调性？

亦如：

(7) 西西帕斯闯进四强希腊女球迷庆祝胸器逼人。

还如：

(8) 穆雷 X 光片意外暴露尺寸英国电视台公然调侃没想到本尊竟然回复了。

亦有不注意语言文明，使用粗俗话语的，或者带有侮辱性字眼的，如：

(9) 球后之争小威再现统治级表现，世界第一被打蒙，你"老娘"还是你"老娘"。

还如：

(10) WE 夺冠 LPL 春季赛幕后老板发出杀猪般的嚎叫。

又如：

(11) 申花又输了，教练赛后一番话黔驴技穷。

此三句中，有的使用"老娘"这一街话俗语，有的则和"驴、猪"等动物招呼上了，用词实在不妥。

再如人们对"抱大腿"一词的使用越来越显得暧昧和无节制。据有人考证，这一词语最原始出处在 1998 年 NBA 东部季后赛首轮，热火对阵尼克斯，前三场热队以 2∶1 领先，第四场比赛中，拉里·约翰逊不断挑衅阿朗佐莫宁，致使后者暴怒（早在 1992 年莫宁以榜眼身份加盟夏洛特黄蜂时，约翰逊曾向他炫耀最佳新秀奖杯），双方也扭打起来，这时范甘迪冲入场中抱住了莫宁的大腿（范甘迪 1996 年成为尼克斯队主帅），被后者拖出几米远，而后莫宁禁赛，尼克斯也逆转晋级。① 而现在体育语言的异化亦

---

① 参见百度百科，网址：https://baike. baidu. com/item/%E6%8A%B1%E5%A4%A7%E8%85%BF/4895070? fr = aladdin.

体现在对"抱大腿"一词的频繁使用和扭曲使用上。例如评价某位运动员技术不行,但却能够入选,全靠抱大腿和干爹才能上位。将"抱大腿"与"干爹"以及"上位"连在一起使用显得更加暧昧与混淆视听,亦因此增加了体育语言的异化程度。

正如上文所述,体育肢体语言是调动运动情绪、连接场内场外情感的语言方式,适当的合理的体育肢体语言是体育领域的重要的交际方式。不过,体育语言的异化也体现在肢体语言上。凡是与体育活动有关的,不管发生在场内还是场外,不管是运动员还是观众,其肢体语言中既有带有流氓意味的如"打伞"和"竖中指"动作,也有带有歧视意味的如歧视亚洲人的"拉眼角"动作、歧视黑人运动员的模仿猴子的动作等等。

三、体育语言的情绪化

情绪是什么? 的确很难做出准确的定义。一般地说,情绪就是我们的大脑和身体对某事的感受。情绪是认知评价和生理反应的组合产物。[①] 以此而言,情绪既是一种表达也是一种身体反应。但归结为一点,不管是对事物的认知还是一种本能反应,情绪总是通过语言的方式表达或者宣泄出来,只是有时是口头话语,有时是肢体语言。这两种情绪的表达方式恰恰都涵括在体育语言系统中,因而考察体育语言的情绪化需要分别注意人们的话语的表达方式。也就是说,体育语言的情绪化最终会落位到体育口语、体育肢体语言乃至体育书面语言之上。

至于为何人们在进行体育语言传达和表述时需要沾染情绪,这一方面源于一种生理反应,另一方面则受生理因素影响。生理影响又分为两个层面,一方面是出于达到呼应自己生理反应的用于平复和抚慰自身的目的,而另一方面的心理则在于通过自身的情绪带动周围受众的情绪。出于前一种目的而产生的情绪大多可以通过自身调节而内化于心,无需

---

① [澳]撒拉·埃德尔曼:《总有一天,你要和自己握手言和: 运用认知行为疗法(CBT)改变我们的人生(上)》,张超斌译,北京理工大学出版社 2016 年版,第 5 页。

外化于行,而后一种则谓之为煽动性情绪,其表达的语言谓之为情绪化语言。煽动性语言或者情绪化语言通常只是为了影响别人而不是以之为目的。这些语言和动作是获得关注和表达情感的方法。[①] 问题在于这种带有情绪化的语言其煽动性究竟如何,是能够带来良好的现场效应,还是恰恰相反,制造了坏的难以控制的后果。如上文所言,轻微的或者合理的情绪化是属于一种情绪宣泄,在一定程度上有利于彰显体育的魅力,尤其对于竞技体育而言,一定程度上的情绪化是必要的,不仅运动员,而且看台上的观众情绪都需要被调动起来。试想,一段没有任何情绪在内的冰舞必定是索然无味的;参加拳击运动的双方运动员包括现场的观众情绪都不高,那无异于直接"杀死"比赛了。不过,过度的或者过剩的情绪化必然让体育语言失去交际的功能,失去对公共事务的评价功能。体育书面语言充斥着火药味,令人不忍卒读,有伤风化语言满天飞,肢体语言过于夸张,招致情绪失控以及场面失控。这一切都让体育运动变了味道,失去了魅力,变得混乱不堪,最终有损体育的本质和尊严。

与本处所讨论的体育语言的失范相应,此处所言的体育语言的情绪化就是指过度与过剩的情绪化。体育语言情绪化随着其所依附的语体种类不同,其表现出来的特点也有所不同。因为体育语言种类繁多,无法一一剖析,此处只结合相关语料就体育书面语言、体育肢体语言和体育解说语言等几种典型语言的情绪化做些说明。

体育书面语言多种多样,诸如体育立法语言经过多方论证,相对严谨,相对理性,基本不会留有情绪存在的空间,而其他诸如司法语言等短时间或者即刻书写的语言则可能出现情绪化的情形。相较而言,体育新闻报道是最容易出现情绪化的一种体育书面语言。目前体育新闻报道主体越来越繁杂,新闻载体也存在纸质和网络电子等多种样态,出于体育新闻的时效性与新颖性等要求,当遇到一些的确令人激愤的赛事赛况出现,一些体育新闻报道人及其媒体,忘记职业准则,亦违背了新闻报道的客观

---

① [美]史旺生、特里托、泰勒:《警察行政管理:结构、过程与行为》(第 7 版),匡萃冶等译,中国人民公安大学出版社 2013 年版,第 433 页。

中立原则，将个人情绪和媒体情绪落位在体育新闻书写的字里行间。

　　最常见的情绪化多体现为体育新闻报道充满火药味、甚至是满屏的嘲讽与谩骂。例如：一些体育媒体人在评价运动队伍及队员时使用这样一些字眼。将战败的某运动队伍中的队员称为"白斩鸡"，认为其大比分输给亚洲弱旅是"耻辱""遭血洗"；有些新闻报道还火上浇油，称他们的对手竟然是"业余"和"未成年"，输给这样的对手是"如此不堪""简直丢人到家"。即便曾经因为输球被谩骂的运动队伍在某项赛事中出线了、打赢了，也未必就能获得客观公正的评价，仍然被评价为"侥幸"，或者被斥之为别人"放水"，仍然被称作"丑陋的比赛、丑陋的出线"。可见当体育新闻人戴上有色眼镜的时候，一切都被情绪化了。不错，一些运动队伍及其队员的表现的确令人失望，但是亦不能就此全盘否定其所作的努力，更不能由此使用不堪入目的言语来羞辱他们，至少，他们还有做人的尊严。正如有人呼吁的那样，新闻语言的"情绪化"，存在着媒体情绪和个人情绪，不仅违背了新闻报道的客观、中立，而且也在新闻传播过程中造成了严重的负面影响，必须坚决杜绝。[①]

　　肢体语言最容易情绪化，或者说许多情绪需要通过肢体语言宣泄出去，因此人们考察特殊个体的症候往往通过其肢体语言及其散发的情绪来完成。例如，有人建议对自闭症个体在加工人类肢体运动及通过肢体表达的意图和情绪等心理状态时的行为特征来了解自闭症患者；[②]有人研究通过对身体姿势的情绪识别吸毒人员表现出的愤怒、恐惧、悲伤、高兴。[③] 受此启发，我们认为，考察体育语言情绪化，体育肢体语言将成为重要的考察对象。

　　细致了解体育肢体语言情绪，还需要对其进一步细化。一是体育肢体语言的表达者并非仅仅是场内的运动员，其他诸如教练员、裁判员、看

① 曾宪夫：《新闻报道应杜绝情绪化语言》，《新闻传播》2014 年第 16 期，第 147 页。

② 参见黄亮等：《自闭症个体肢体语言加工缺陷的特征及干预策略》，《中国特殊教育》2018 年第 6 期，第 47—52 页。

③ 参见朱琳、邓铸：《男性吸毒成瘾者对不同肢体情绪的识别》，《第二十届全国心理学学术会议——心理学与国民心理健康》2017 年，第 1652—1653 页。

台上的观众等都是体育肢体语言的主要表达者。在体育场内外,体育观众等也是体育肢体语言的制造者。二是要认识到肢体语言并非仅仅是指人们的躯体的动作或者肢体的姿势,它一定还包括面部表情。正如研究者所言,情绪肢体语言和面孔表情,作为整个身体不可或缺的部分,共同表达个体的情绪状态。① 所以体育肢体语言表述者一个眼神、一个面部动作、一个手势、一个肢体动作都可以传达一种特殊的情绪。譬如以手指为例:当一个运动员向对方竖起"大拇指"的时候,可以理解为为对方点赞,或者为对方的表现折服;如果将拇指变成"小拇指",则是明显的轻视;当一方运动员冲对方伸出"食指"并且不停摇动的时候,则十有八九也是表示看不起对方,并且多少带有一些羞辱成分。其中"摇手指"比较有名的例子就属 NBA 中的穆大叔了(因为年龄成谜,中国球迷习惯称呼 NBA 球星穆托姆博为穆大叔,其每次盖帽之后就会冲对方摇手指,这当然是一种不礼貌的行为,但后来其受到联盟的特许,一时也传为佳话)。倘若朝别人竖起"中指",那就是赤裸裸的侮辱了。当然尽管伸出的手指一样,但是伸出的姿势和状态不同,也会表示不同的情绪。譬如同样伸出食指,如上所述的只是摇摆,最多表示一种轻蔑,但是如果用食指指向对方面门,并且碰上怒目圆睁,则表示一种愤怒情绪。而且,手指也并非非要单出,十根指头可以任意组合并用,成为不同喻义的手势。其中比较著名的如巴萨罗那足球队后卫皮克的"五指山",就是皮克面向皇马球迷伸出一只手掌,五指叉开,状若五指山,意在表明曾经 5∶0 血洗皇马足球队,以示得意之情,当然也带有讽刺挖苦之意。此外,还有不少手指组合以及手指与其他身体部位的组合姿势,在球场与其他赛场分别表述不同的情绪。

往往因为受到比赛现场气氛的感染,体育主持人或者解说员的表述容易情绪化。体育解说员和主持人适当的情绪调度显然是一种表述技巧,甚至情绪饱满乃至亢奋已经成为一些体育解说员的必杀技。不过,问题在于解说语言的情绪化会通过电波或者影像传播到民众中间去。良性

---

① 顾冠:《"情绪面孔"和"情绪肢体语言"文互认知的神经电生理研究》,上海交通大学学位论文 2012 年,第 V 页(内容摘要部分)。

的与适当的情绪会成为点燃受众情绪以应和比赛的氛围,而恶性的、不适宜的情绪则往往成为唤醒蛰伏在受众情绪内的恶魔的咒语。受到恶性情绪支配,体育解说员有时一派胡言乱语,脏话糙话满天飞,不仅本人有失涵养,平时努力塑造的形象消失殆尽,还带动受众情绪波动,制造混乱甚至麻烦,真是害人害己,须引以为戒。

四、体育语言失范原因解析

关于语言特别是特殊领域语言的失范原因,学者们从不同的角度进行了分析。诸如有人专门分析立法语言的失范原因主要有:专司法律起草机构的缺失,立法技术研究的滞后,语言审查程度的缺位,语言规范意识的淡薄以及汉语特性和汉人思维形式的影响。[①] 有人专门就网络语言失范原因,从主体和客体两大方面进行分析,认为网民的年龄职业因素以及网民的规范意识以及网民素质是造成网络语言失范的主体原因,而特殊的交际环境、文字输入系统的默认化、网络文化的冲击等是造成网络语言失范的客体因素。[②] 还有人专门就电视以及网络主持人语言失范现象进行了分析。研究电视主持人语言失范的研究者认为,其主要受电视台的用人机制和管理机制以及社会心理等影响。[③] 研究网络主持人语言失范现象的研究者认为,其在于网络环境开放、主持人选拔标准宽泛、对象层次多样,这是客观原因;主观方面则是主持人自身规范意识缺乏、对网络规律把握不当、主持业务不熟练等等。[④]

造成体育语言失范的原因多样,如上述研究者所言的诸多特殊语言失范现象一样,是由主客观等多种因素综合而导致。不过,体育语言失范既有其他语言失范之共同原因,亦有其特殊原因。笔者的考察重点主要

---

① 黄震云、张燕:《立法语言学研究》,长春出版社 2013 年版,第 33 页。

② 张颖炜:《网络语言研究》,暨南大学出版社 2015 年版,第 270—273 页。

③ 王丹:《电视节目主持人语言研究》,暨南大学出版社 2015 年版,第 222—223 页。

④ 姚喜双、武传涛、刘子琦:《新媒体时代广播电视语言研究》,语文出版社 2013 年版,第 231—236 页。

是体育语言的特殊原因。具体而言,主要有以下几个方面:

(一) 体育活动发展所创制的社会背景与氛围

语言是人们在劳动中创造并发展成熟的,但反过来,语言又助益于人类劳动的创新与社会的成熟,可以说没有人类社会就没有语言的诞生,反之,也可以认为没有语言的成熟就不会有社会的进步。所以,语言的发展与社会的进步是相辅相成、相得益彰的。人们也由此认为:"语言系统和社会系统之间存在一定的同构关系"。[①] 在此情形下,可以认为语言受制于历史条件和时代背景,有什么样的历史背景就会有什么样的语言体系。正如法国房德里耶斯所言"语言的演化紧密地依靠历史条件,语言演化跟演化所处的历史条件有明显的关系。社会发展会引导语言沿着一条明确的道路前进。"[②]

体育语言的演化也大体如此,它既紧跟人类整体语言系统演化之潮流,又有其独特演化路径的一面。所谓的独特演化主要是指其受到体育领域发展变化之影响。近年来,体育市场化、社会化、国际化带动体育事业蓬勃发展。在此过程中,体育与其他社会活动的联系与融合日益紧密,体育语言亦和其他社会语言发生融合、嫁接,难免会促成体育语言的泛化现象。随着体育语言在其他社会行业中的流传,不专业的体育语言表述者过多地参与到体育语言系统中来,又难以保证其不发生变化乃至变异。体育活动的多样化难免带动滋生多元的体育文化。基于体育文化的地域性、民族性与历史性,其中,东方的体育文化、西方的体育文化,传统的体育文化与时尚的体育文化,他们之间相互交融并发生"化学反应"。体育文化多元化背景纵容和藏匿了不同的体育语言表述方式。就如不同的体育看台会制造不同的体育看台文化,既有文明有序的体育情绪表达,也可能产生不文明的失范的体育情绪表达。不文明的体育文化自然会制造包括体育流氓话语在内的失范的体育语言。

---

① 黄平文:《论文化接触对语言的影响:壮语演变的阐释》,民族出版社 2010 年版,第 89 页。
② [法]约瑟夫·房德里耶斯:《语言》,岑麒祥、叶蜚声译,商务印书馆 1992 年版,第 377—393 页。

　　与分析其他语言失范现象有所不同的是，一定需要注意体育活动特别是竞技体育运动所制造的氛围。这是分析立法语言时完全无需考虑的因素。特殊的氛围必然会营造特殊的语境，也自然会带动不同的情绪，在特定的语境中有时表述者并非能够完全自控，所以当这种情绪附着在体育语言表述者身上，语言的异化现象难免会多于寻常。

　　（二）体育语言表达主体层次繁多。社会运动和群众运动的普及，越来越让体育领域成为开放的领域。体育的开放性势必带来各种各样的参与者，因此势必会产生繁杂的体育语言表述者。正如上文分析，体育语言主体多样，既有法人单位，又有自然人个体。从上文对体育语言的分类中可以得知，不同体育语言类型拥有不同的体育语言表达主体。以单位而言，有立法单位、司法单位、体育社团法人、体育行政管理部门以及体育媒体。而不同类型的体育单位又分为不同的层级。譬如司法单位，在我国就有检察院、法院等不同部门，从最高到基层又有不同层级，其关于体育纠纷裁决的司法用语在不同部门不同层级之间亦有所不同。再如体育媒体，既有官方媒体，亦有自媒体，既有声波传送的媒体，又有影响传递的媒体，既有口头播报的媒体，又有书面新闻报道的媒体。就体育语言的个人主体而言，其既有体育行业内人士，亦有体育行业外人士，既有职业体育人士，亦有业余体育人士。而不同的体育语言表述个体又存有诸多划分。例如单以一场大型体育赛事的参与者而言，主要将其划分为运动员、教练员、裁判员、队医、拉拉队员、安保人员以及观众。即便对同一体育事件，这不同的参与者就有不同的看法，亦会有不同的体育语言出现。

　　是故，不同的体育语言主体，出于不同的需要和目的，其在体育语言的表述上就会呈现不同的倾向。不同的体育语言表述个体，因为拥有不同的职业、年龄和文化修养等等，令其在体育语言系统中烙上个人印记。当某一群体组成强势的体育语言之话语集团，其新异的、随性的、失范的体育语言就会影响乃至带动更多的体育语言表达群体靠向他们，从而形成一股新的变异的不可控的体育语言新势力。当人们再一次面对这种新崛起的且变异的体育话语集团时，要么因为受到话语钳制，要么难以排除不受到影响，就会不断地处于语言紊乱甚至"失语"状态，由此进一步加剧体育语言的失范程度。

（三）表述主体语言规范意识不强。正因为体育语言的表述主体繁杂而且语言素养良莠不齐，所以就难免会出现语言意识不强的问题。语言意识不强一方面表现为没有语言意识因而也就没有语言规范意识，另一方面，表现为虽然具有语言规范意识，却刻意避而不为，甚至反其道而行之，或者虽然知晓语言规范，却利用规范体系不健全故意钻漏洞以图一己之私利。

其中，对于体育语言规范无意识，是指语言表述主体未加注意的，出于不知不觉的一种心理状态。语言失范现象，有相当一部分是写、说者对规范的淡漠、无意识造成的。这种类型常见的有语言规范的无意识和法理规范的无意识两种。语言规范的无意识是指不了解语言规范化的含义内容，如繁简字不分、异读词不规范、异体字乱用、注音拼写不符合规则、标点符号误用、数字用法不当等等。法理规范的无意识，主要指不熟悉已颁布的相关的法律法规中有关语言文字的规定条款。[①] 体育语言表述主体没有规范意识并非仅仅苛责其个人，事实上，正如犯罪从来都是不是个人的事情，之所以出现语言主体缺失表述规范，一定有其生活环境等外在因素影响。我们认为其中一个重要的原因就是包括语言立法在内的语言机制运行不畅。

至于后一种表述主体不可谓不通语言知识，正如上文所言，甚至有一部分受过语言学方面的专业训练，诸如体育媒体工作者。他们熟悉语言规范并且了解语言规范体系所存在的漏洞，他们无视语言规范之目的在于追求新奇，制造噱头以博取眼球。

（四）语言经济性是体育语言失范的一种动因。人类的聪明之处就在于其能够注意到资源的稀缺性从而学会算计成本和效益比。这也就是所谓的经济原则。经济原则来源于经济学的成本控制理论，指的是在经济来往活动中，以最少的投入换取最大的收益，投入产出比达到最优，即

[①] 史灿方：《广告语言失范现象的心理分析》，《语言文字应用》1995年第1期，第24—27页。需要说明的是，笔者在引用时为了和此处逻辑接洽，对其做了些微的调整，譬如去除该文对"广告"之专门的字眼表述。

"帕累托最优"原则。此原则强调的是社会稀缺资源的有效配置,解决"稀缺资源"与"社会需求"之间的冲突。①

经济原则不仅仅盛行于资本运作当中,也不仅仅肇始于人类的经济活动之中,它存在于任何人类活动当中。哪怕是说话或者言语这一看似平常的活动,人们都在自觉不自觉地运用这一原则。或许有人认为人们最不缺的就是语言了,简直是自带属性。事实的确如此么?别的不说,最明显的例证是,当一个人发现在某一场合说话不起任何作用,那么,他下次遇到类似的场合就会节省语言开支,要么闭口不言,要么少说为妙。这是人类的一种本能么,还是一种机智?实质上,将语言学上的经济原则评价为一种机巧也未尝不可。因为,在社会语言学角度,人们在界定语言经济原则时,就是围绕发音等语言活动之能耗和收益之比、语言与收入之比为核心构建的。

语言运转的基本原理是"语言经济原则"。这是法国著名语言学家马丁内(Andre Martinet)提出的。他认为,言语活动中存在着从内部促使语言运动发展的力量,这种力量可以归结为人的交际和表达的需要与人在生理上(体力上)和精神上(智力上)的自然惰性之间的基本冲突。交际和表达的需要始终在发展、变化,促使人们采用更多、更新、更复杂、更具有特定作用的语言单位,而人在各方面表现出来的惰性则要求,在言语活动中尽可能减少力量的消耗,使用比较少的、省力的、或者具有较大普遍性的语言单位。但是,这种省力必须以成功地完成交际功能为前提。语言的经济原则作用于语言的不同方面,简而言之,经济原则是指在不影响交际(表义明确)的前提下,语言的编码趋向从简。②

语言上讲求经济性没有比体育运动的追求短平快更相相吻合的了。任何竞技体育,总是想要以最小的体能输出获取最大的竞技能力。哪怕在短促的三分钟的拳击赛事中,也很少见到有点运动常识的运动员比赛开始后短短几十秒内将体能全部输出,只有在其认为一定时机到来之际,

① 秦冠英:《诉讼监督程序立法研究》,知识产权出版社 2015 年版,第 83 页。
② 卢英顺:《语言学讲义》,复旦大学出版社 2015 年版,第 35 页。

才会不惜瞬间消耗完身体能量,力争完成一击制敌,否则他宁愿游走在拳台边缘,用最小的消耗来等待时机,保证身体消耗和战果之间的比例是最经济合理的。与体育活动的短平快节奏相应,体育领域中的语言几乎成为追求经济性的语言典范。

体育语言的经济性首先体现在其内部术语的创制和使用上。最明显的例证就是体育术语具有简短明了的特征。例如本书上文所言的一些体操运动中的专业术语就使用对一系列体操动作的简称,如"团二、屈二、直二……"。类似的缩略词在其他类运动中亦广泛存在,于此不再一一评述。竞技比赛中的教练员与运动员之间、运动员相互之间的场内口语交流也简洁明了。比赛指示用语、裁判用语、赛事信号等都具有色彩鲜明和醒目简短的特征。即使人们在大型的体育群众运动中也使用简明扼要的体育语言进行交流和安排。

再者,体育语言的经济性还体现在与其他行业领域交流时讲求语言使用的效益性上。基于如此的语境规律和准则,人们在体育语言的泛化使用上,也没少动用语言经济原则。也就是说,人们总是在不可以创生别类的语体、语法、语句的前提下,尽可能地把体育语言的语义范围扩展到体育领域以外的其他行业领域中去,体育语言的特指性、专业性、精简性、唯一性扩大到社会语言学视域中的泛指性上去,如此一来,体育语言通过嫁接在人们所熟知的语境中,而具有了通俗易懂性,也在一定程度上实现了语义上的异化,而且至为重要的是,这一切都是在本体语言形式没有做出变化的情况下完成的,由此实现了体育语言传播的最大效益性。

(五)多介质因素的冲击。介质本来是一个物理概念,是指一切可以为人们感知的物体,如液体、气体、固体。此处借用这一物理学概念意在表明,与以往相比,包括体育语言在内的语言使用和传播媒介已经发生了翻天覆地的变化。网络、电视、通讯传媒、纸质版本、电子版本都成为体育语言的载体。可以说,随着网络文化和自媒体的崛起,整个人类语言环境都受到莫大的冲击与感染。特别是网络,其已经成为现代人开辟的表述新空间、新阵地,自媒体等各种介质的出现使得各种体育语言范式和类型都有了生存和发展的舞台。"网络被称为信息传播的第四媒体,相较于传统媒体而被称为'新媒体'：它具有传播的高速性、广泛性和开放性特征。"[1]网络空间不仅诞生了被称为"一种新的语言变体"即网络语言，而网络语言的出现给正统语言带来了巨大的冲击和挑战，有些网络语言甚至颠覆了传统语言的语法体系。[2] 同时，网络的开放性为各种自媒体和个人进驻提供了巨大的空间，也为各种体育语言的滋生提供了环境。在立法规范、语言规范都不甚完备的情况下，网络的开放性和自由度呈现出前所未有的泛滥姿态。在此状态下，各色人等，不问年龄大小、职业如何、性别如何、业余还是专业，所有的人都可以自由出入于体育语言表述新空间，几乎不受限制、随心所欲地发表言说。因此可以说，多介质平台的拓展，其在繁荣体育语言的同时，也不可避免地带来体育语言的泛化、异化、情绪化等失范现象。

（六）新新人类语言也对体育语言的异化带来了冲击。研究者认为，所谓"新新人类"，本身就是一个新词语，大概的意思就是指80年代以后出生的年轻人。他们的思维方式、世界观与前几代人有很大的区别，甚至日常语言上都有自己独特的特点。新新人类语言就是他们的语言，当然与网络语言和校园语言、社会流行语没有明显的界限。[3] 不过在笔者看来，这个年龄层次已经后移，1980年代出生的人，大多成家立业，有的甚至已经人到中年。在他们那里，类似"520、1314、狗子、逼格、狗带、撩妹、屌丝、土肥圆、矮矬穷、酷毙了、帅呆了、不明觉厉、虐狗、撒狗粮、圈粉、土豪、手伴、番剧、迷妹、劈腿……"等等这些新新人类语言或者社会流行语基本不再"冒泡"。目前来看，新新人类语言主要流行于校园和网络。因此，笔者赞同上述论者关于新新人类语言与网络语言、校园语言、社会流行语没有明显界限的观点。或者可以进一步说，网络赋予了新新人类语言滋生的空间并加快了其传播成为社会流行语的速度。

随着更多的年轻人加入到体育运动中来，特别是成为体育新闻报道和体育解说员以后，新新人类语言和社会流行语不可阻挡地渗透到体育

① 张颖炜：《网络语言研究》，暨南大学出版社 2015 年版，第 272 页。
② 蒋秀玲：《网络流行语的生产与扩散机制研究》，中山大学出版社 2016 年版，第 1 页。
③ 邢欣：《都市语言研究新视角》，北京广播学院出版社 2013 年版，第 250 页。

语言系统中来,成为催动体育语言异化的一股"新生力量"。在体育语言语料库中,这种带有新新人类语言、网络流行语的例句俯仰皆是。此次略举几例:

(11) 盘点足坛球星童年照:C罗黑丑矬梅西土肥圆。

(12) 某大V在IG夺冠后称电竞是屌丝体育。

(13) 出局夜"死于非命"国足总有办法作死自己(中国法院网)

(14) 对比出伤害!男篮收入远不及国足,身材却完爆"白斩鸡"!(凤凰网)

(15) 福原爱:东北话十级圈粉无数竞技体育可以超越国籍。

(16) 体坛情侣花式虐狗:杨威爬热气球接亲莱万倒挂献吻。

(17) 中国马拉松才刚起步JOMA专注"白骨精"市场。

(18) 相比欧美运动员技术太low,亚洲足球先生对于亚洲运动员是个负担。

(19) 90后四小花败走麦城,王蔷秒变费德勒迷妹,"我真的hold不住……"。

(20) 沃神曝鹈鹕暂时没兴趣跟湖人交易,愿等绿军全梭哈。

(21) 本真!佛系球迷面前你们绝对弱爆了!

(22) 福原爱,你的钻戒酱紫会坏的!喊你老公来做笔记啦!

(23) 风筝这种高逼格体育运动不是尔等屌丝随意能够玩得起的。

(24) 卡塔尔才是真土豪!世界杯球场500个空调,就是不差钱。

(25) 武磊首次与队友合练,心情放松无违和感。

(26) 红军go die?官方商城卖狗带。

(27) 曝曼联尤文惊天交易,当红炸子鸡+钱换波霸。

第二节　体育语言的规范性要求

现代社会是个交际范围无限扩大的社会,与以往相较,交通的便捷、国际交往的深入合作、通讯设备的技术提升,这些都为现代人们交际提供了最好的条件,而多元文化的融合、工作种类细化及接洽需要都为人们之间的交往和社会活动营造了氛围。在这样交往加速的社会大环境中,体育的活动和交流特质更加得以凸显。不过,随着体育市场化、国家化和社会化的推进,亦有值得担忧的问题,即在逐步拉大和延展的体育链条中,各种异质性因素难免会侵袭进来,甚至无孔不入,如何才能保证体育机体的健康发展成为当前急切要解决的一大问题。在其中,体育语言的良性发展和健康运行是体育机体健康与否的表征。换言之,体育语言的失范既是现代体育发展过快所导致的后遗症,同时它恰好也是诊断体育机体是否健康的体表特征。所以可以说,体育语言异化严重一定表明体育机体出现了问题。

无论如何人们都要清醒地认识到,体育活动开展是人际交流的重要组成部分,甚至在某些时候成为人类交往的推进器,而其中体育语言则是体育机制的润滑剂,保障体育语言的规范是保障体育活动及其交际功能规范运行的前提。那么,如何才能保障体育语言的规范?我们认为至少要在语言学、声音学、法律学以及制度学等几个方面进行着手。

一、体育语言的语言学规范

语言规范是使用某种语言的人所共同遵守的语音、词汇、语法、书写等方面的标准,所以语言规范是包括文字规范的语文规范,通常称为语言规范。语言规范化是根据语言文字发展的规律,确定某种语言的语音、词汇、语法、文字等方面共同遵循的标准,并通过不同方式进行推广。[①]

人类语言经历了几千年的发展,一步步走向文明与规范,但是众多民族、众多语种、不同的语言主体、社会上形态各异的个体人,这些都是语言出现异样乃至异化的不稳定性因素。体育语言作为语言系统的子系统,语言系统的失范必然带来体育语言分支的失范。正如有学者所言:"语言

---

① 王世凯:《新编现代汉语教程》(上册),上海交通大学出版社 2016 年版,第 14 页。

本身不纯洁,体育语言又如何能纯洁呢?"①

　　体育活动是人类活动的一个缩影,体育语言是人类语言的重要组成部分。体育的活跃性决定了体育语言的活跃性和创新性,因而也增加了对体育语言规范的必要性。体育语言规范实质上是指对体育语言系统的规划,而语言规划(language planning)属于社会语言学的一个分支。② 也就是说,对于体育语言规范而言,要将其拔高到整个社会层面,同时要放在语言学视域之内审视。为此需要响应理论研究学者的呼吁,即"树立正确的国家体育语言规范观"。③ 在精神和思想层面确立正确的体育语言观念之外,还要确立起规范原则。一般认为,对于体育语言规范原则的确立应当遵循其从创立到运用的完整过程之准则,至少涵括动态调整原则、层次性原则、语言规范原则、系统协调原则等。这几项原则从根本上看,都是停留在体育语言规范范畴之内的。

　　体育语言的汉语语言学规范要求是指当人们在运用语言载体来表述和传递各类体育活动信息时,要遵循汉语语言学的基本范式要求。这些范式要求首先是指体育语言表达要符合语言逻辑和语言表述规律,其次要在文法、语体上符合语言规范要求,再者如果表述者需要运用语言技巧也要在语言基本规范之内进行操作,最后还要符合修辞规范乃至标点符号的使用规范。

　　正如本书上述所言,语言包括体育语言在内首先是作为一个系统,而系统既是一个静态系统,又是一个动态系统。在此需要再次强调的是,体育语言系统的静态性旨在体现出语言发展的独特性和不容篡改性,而其动态性则在于表明体育语言系统的发展性及与外在其他系统之间的交流与融合。而随着体育活动性增强,体育语言的动态性原则变得紧要起来。如学者所言:"语言是一个动态系统,任何一种语言都会在历史发展的过程中不断地演变,这期间既有语言内部系统的调整,也有语言外部接触过

---

① 张庭华:《树立正确的国家体育语言规范观》,《北京体育大学学报》2009 年第 2 期,第 44—47 页。

② 蒋秀玲:《网络流行语的生产与扩散机制研究》,中山大学出版社 2016 年版,第 126 页。

③ 黄签名:《体育价值论》,人民体育出版社 2012 年版,第 22 页。

程中的融合与渗透。"①体育活动的交往性增强必然带来体育语言系统日趋变化,不过"语言变化都是渐变的"②,所以应当注意到体育语言系统的渐变性、层次性以及协调性并将其上升为一种规范原则。

总体而言,系统协调平衡原则、层次性原则、用语规范原则都是规制体育语言系统内部的纯洁性,而动态性原则是为了指引体育语言系统与其他行业语言系统之间的主动交流。

具体而言,在语言学视域中至少要从以下几个方面对体育语言进行规范:

其一,在体育书面语上注意不使用错别字、异体字、废弃字、自造简化字等,在体育口语中注意不使用歧义词、模糊词等。汉字历史悠久,造字方法也很多,不同时代、不同地区都可以产生不同的汉字形体,甲骨文中"兄"字有35种写法,金文中的"贝"字有60种写法,"窗"字后世就有多个异体字。汉字中有大量的异体字,异体字是汉字整理与规范的主要对象。③ 白话文及简体字运动之后,我国大陆地区逐步废弃了繁体字的用法,但是文白相杂的用法仍然为一些人所青睐。不过基于文字功底等原因,稍有不慎,一些人就会错误百出。我们发现,在体育新闻报道中,经常出现混用异形字、混淆误用音同(近)字、乱用错用繁体字、乱用自造简体字等现象。例如:

(28)令人發指!奥运冠军被教练性侵多年。

这里的"令人發指"本为"令人发指"。

再如:

(29)做为一名职业球员,需要多么强大的心理素质?

这句里的"做为"实为"作为"。新闻撰写者显然混淆了二者的用法。就此《咬文嚼字》公布的2016年十大语文差错榜单中还专门提到某著名运动员将"作为"误为"做为"。并进一步说明,"做""作"两字在语用中常

---

① 张颖炜:《网络语言研究》,暨南大学出版社2015年版,第275页。

② 祝畹瑾:《新编社会语言学概论》,北京大学出版社2013年版,第122页。

③ 于照洲:《汉字知识与汉字教学》,北京语言大学出版社2017年版,第28页。

常纠缠难辨,有时甚至含混不清,但还是有一些基本的运用规律可循:表示抽象语义多用"作",表示具体语义多用"做"。"作为"是介词,常用来介绍某种身份或某种性质。① 类似的错误还有"当做"与"当作"混用等等。

至于错字、别字、自造简化字、漏字、多字、颠倒字现象,那更是不胜枚举。简要列举一例,如:

(30)中距离挑投是他的杀手锏,除此之外,他的进攻手段不够丰富。

此处的"挑投"应为"跳投"。可能撰写者急于求成真的写错,或者为标新立异,把挑篮和跳投混搭使用了。

其二,标点符号使用上的规范。体育新闻报道标点符号使用上出错司空见惯,主要表现为多用、少用、误用,或者在使用格式上出现错误。例如:

(31)在新闻发布会上,总经理宣布:球队近期有两项举措:一是球队要出国拉练,二是一线队球员要和预备队球员竞争上岗。

此句中,显然对冒号使用不当,准确的是将其中一个冒号改为逗号。再如:

(32)这次入围全明星的有三十人,分别为某某,某某……等等。

这句话就犯了省略号和"等""等等"同时使用的错误。此外,鉴于体育领域中的缩略词或者专业词汇较多,人们在口语表达时要做一定的解释,在进行书面报道时也要作必要的说明,至少是用双引号标注。由此,双引号频繁出现在新闻书面报道中,不过,也有一些人忽视了双引号的作用。譬如:

(33)某某球员初来乍到,只能暂且做一个板凳。

该句中,如果熟悉体育用语,可以知晓表述者所要表达的含义,反之则要么一头雾水,要么曲意理解。有人甚至还可能会认为应该将"做"改为"坐","板凳"不就是用来"坐"的么?其实不然,这里的板凳事实上指的是,这位初登赛场的运动员,还是这支队伍的替补队员,也就是别人在场

---

① 孙丽萍:《〈咬文嚼字〉公布 2016 年十大语文差错》,新华社,网址:http://www.xinhuanet.com/politics/2016-12/21/c_1120161341.htm.

上奋战,他暂且只能坐在板凳上随时准备替补登场。为了表达清晰,规范的做法应该是用括号注释,或者至少要将"板凳"二字加上双引号。

在格式上最容易出现错误的是把"冒号(:)"误用为数学符号"比号(∶)";把西方运动员等人名姓与名字之间使用的间隔号(·)误用为下角点(.)。例如葡萄牙运动员克里斯蒂亚诺·罗纳尔多的简称应为 C·罗,而非 C.罗。

其三,要做到语法使用准确,避免出现错误句式和逻辑不通顺的句子。有许多体育新闻报道是在与时间赛跑,一些新闻撰写者和报道者为了追求新闻的新颖性,而舍弃表述语句上的基本格式、句法要求和逻辑规范。

例如:

(34) 火箭队应该是中国球迷最多的 NBA 球队了。

NBA 共有 30 支球队,其中休斯顿火箭队之所以在中国拥有大批球迷,实则是因为其曾经与中国球员姚明签约,因而与中国球迷有了渊源。这一例句表述的是客观事实,但是用语上出现搭配不当的问题。正确的表达应该是"火箭队应该是在中国拥有最多球迷的 NBA 球队"。

再如:

(35) 梅西打入的是巴萨球队职业生涯的第 500 个进球,同样也是他打入的本赛季的第 40 粒进球。

以此句话而言,梅西是主语,宾语分为两个部分,但是在第二部分的宾语成分中却多出了"他打入了",该多余部分应当去除。

还如:

(36) 奥运三连冠 8 金王博尔特封神,十年垄断 200 米只输过一人。

此句中,"十年垄断 200 米"表意不明,且和后半句"只输过一人"自相矛盾。与"8 金王"类似的用法还有"6 金成就""54 金战果"。其实稍加分析可以看到,此处的"8 金""6 金""54 金"不是形容词,如何能修饰"王""成就""战果"等名词,其也不是并列短语,所以也无法和后面的名词并列使用。

其四,避免阿拉伯数字与汉字数字混淆乃至混搭使用,更要避免中外混搭、土洋结合从而违背民族语言表述习惯的句子出现。人及人类社会离不开数字。从结绳记事起,人们就开始了对数字的依赖。尽管人类社会今天已经步入了网络信息和大数据时代,但是,人们对数字的写法并未整齐划一。由此,产生了数字书写上的乱象。亦由此,我国几个部门联合制定了《中华人民共和国国家标准出版物数字用法》,以规范和统一人们对数字的准确使用。然而,当我们翻检体育语言语料库时,仍然会时不时发现人们对数字的错误使用现象。其最主要的表现是没有正确使用阿拉伯数字和汉字数字,该使用阿拉伯数字的地方却使用汉字数字,或者反过来,该使用汉字数字的地方却使用阿拉伯数字,而且数字摆放的位置也不准确。

例如:

(37) 当比赛进行到第九分钟,皇马队获得一个点球。C罗作为球队的第1射手,当仁不让地站在了罚球点前。

这里面出现了两处需要用数字表达的地方,该语言表述者一处使用了汉字数字,一处使用了阿拉伯数字,看上去画面很搭,使用者似乎也懂得这里的窍门。殊不知,其在句中恰恰颠倒使用了汉字数字和阿拉伯数字。正确的用法是"第九分钟"改为"第9分钟","第1射手"改为"第一射手"。

再如:

(38) 勒布朗走后的3、4年时间,将是骑士队重建的艰难时刻。

按照《中华人民共和国国家标准出版物数字用法》的规定,相邻的两个数字连用表示概数时,必须使用汉字数字,而且两个数字之间不能使用顿号隔开。由此,准确的用法应当是将"3、4年"替换为"三四年"。而在另外一个涉及数字并列使用的地方又存在恰恰相反的情形。

(39) 揭秘法加尼为何能执法世界杯三四名决赛他在亚洲裁判圈里正当红。

这里的"三四名决赛"并非表示概数,"三"和"四"之间是决定比赛的球只输过一人成为第三名或者第四名的意思,因而规范的表达应为"三、四名决赛",即在"三"和"四"之间加上顿号。

自从新新人类语言、网络流行语、土洋结合语盛行以来，体育语言系统自然亦无法洁身自好。文白夹杂，英、汉文字混杂，汉字混搭数学符号，各种语体风格纷至沓来。例如：

（40）恒大归化外援迎首秀边路 1V2 + 底线过人爆众多国脚。

（41）曝光的某某某（某运动员，笔者注）X 爱不雅照还太保守。

如果说，上句中的"1V2 +"还能看懂，这句中的"X"还真成了 X 因素，让人有点丈二和尚摸不着头脑了。

（42）某某本场表现太 so so 了，什么天皇巨星！

这里的"so so"是英文"Just so so"（一般般的意思）。姑且不论这一英文词汇的用法是否贴切，且论这种土洋结合的风格，实在给人以突兀之感。类似的句子还有上面所列举的，红军 go die? 官方商城卖狗带。把"go die"和"狗带"结合起来用。本来就有人根本不知道"狗带"是何意，现在又来了一句英语，似乎是为人们理解新新人类语言提供了一些暗示，但也彻底搅乱了语言表述逻辑和习惯。

（43）2018 世界杯火热 ing。

据笔者推测，"ing"可能是英语语言中动词的一种分词形式，表示进行时态，即 be doing 的缩写。这种表述方法引入到体育语言系统中，倒是与赛事的进程有一定吻合度，所以受到青睐，常常被用在体育新闻标题中。

（44）EXO 终场前读秒绝杀防弹少年团，成功晋级世界杯四强赛场！

这一例句更是将混搭之风发挥到极致。世界杯比赛期间，在半决赛播放歌曲的投票中，两个歌唱组合 EXO 与防弹少年团（分别是两个组合名，笔者注）参与其中，其分别演唱的《power》与《Fake Love》在投票百分比中各占据了百分之三十八。这本是一场借助世界杯作秀的娱乐表演，虽然，喜欢体育、喜欢足球的人不一定熟悉和欣赏这些所谓的"娱乐天团"，但其确实在一定程度上将世界杯的战火引燃到场外，本也无可厚非。不过，这种体育娱乐混搭的报道之风格，已然脱离了体育语言的表述范式，有点让人无法理解。

其五，要准确把握体育专业术语、尊重约定俗成的俚语，运用谐音亦不能一味追求俏皮文风,而应当合理规范使用。本书在上文中已经就体育术语、体育俚语、体育语言中谐音的表达等方面进行了论析。此处只是再次提醒人们注意在进行撰写体育新闻或者解说体育活动时,一方面积极运用和发挥体育术语、体育俚语、谐音等修辞、成语的作用,同时又要防止剑走偏锋,否则就会适得其反。对于从事体育新闻报道或者体育解说的人员而言,有些并非专业出身,即便专业出身,但体育专业如此繁多,其中的专业术语千差万别,所以决定其不能完全熟知。在此情形下,要求上述人员不能不懂装懂,将专业术语串场笼统使用。现实中,体育新闻撰写人与体育解说员往往身兼数个项目,倘若其硬性采用移花接木之术,将彼项目的术语用于此项目的报道或者解说上,就会让受众丈二和尚摸不着头脑,或者把社会其他行业术语用在体育领域,有时也文不对题,令人误解。譬如有人在进行体育新闻报道时说某某人或者某某队通过努力跻身三甲。这里的“三甲”多为误用。因为,“三甲”一词本表示我国科举考试中考取进士的等级,一甲意为一等,二甲意为二等,三甲意为三等。每甲又有进士若干,并非总共三名,也非意指前三名。此体育新闻显然是将“三甲”理解为前三名了。

这种现象还体现在对成语的误用上。例如:

(45)梦八兵不血刃屠澳大利亚功臣科比砍下 25 分。

“兵不血刃”意思为,尚未实际交战,即已征服敌人。语出《荀子·议兵》:“此四帝两王,皆以仁义之兵行于天下也。故近者亲其善,远者慕其德。兵不血刃,远迩来服。”后也用来比喻轻易得胜。《晋书·卷六十六·陶侃传》:“默在中原,数与石勒等战,贼畏其勇,闻侃讨之,兵不血刃而擒也,益畏侃。”亦作“兵无血刃”“军不血刃”。经过战斗而轻易取胜叫“轻取”,没打战就取得胜利,叫“兵不血刃”。[①] 此句中用“轻取”较为适宜。

一些体育项目如足球、篮球,其中的专业术语很多人都熟悉,比如足球比赛中的“封堵”“扑救”,篮球运动中的“暴扣”“盖帽”,等等。如果串场

---

① 参见:《奥运体育报道将玩坏这些成语》, https://mp. weixin. qq. com/s? _ _ biz = MjM5NTY1MzU0MQ = = &mid = 2650338391&idx = 1&sn = 92d49e6646ab1f00289b592b55 702cda&scene = 21 # wechat_redirect.

使用这些术语或者约定俗成的语言,就会显得不伦不类。譬如有人在解说足球比赛时说,"守门员一个飞身大帽抢在对方前锋的前面将球破坏出底线"。

其六,谨防滥用地方方言和网络流行语,亦尽可能地避免过度俗语化和口语化。体育解说员和主持人,多为现场表达,随着临场动态变化尤其是赛事走势,不太可能强调其一定要精细组织语言,所以出现一定的俗语化现象或者语法逻辑错误也在情理之中。只是对于体育新闻报道等书面体育语言,则要求其规范性更强一些,尽可能地避免表述流于俗套。对于一些地方性体育媒体经常使用地方发言的现象也应当有所注意。虽然在一定程度上,特别当受众多为一定区域的时候,即使作为地方性体育新闻媒体,频繁地甚至变相地使用方言难免会出现不符合汉语语法习惯的现象,也多少忽视或者轻视其他地方的读者。譬如,"猴赛雷"一词是广东话"好犀利"的谐音,此词汇因一位网名叫"猴赛雷"的女生在网上发帖晒照片并以严苛的条件征男友,引来不少网友嘲讽而走红。[①] 或许正因为该词在网络走红之故,一些体育新闻报道时频繁使用,说一个球员突破速度快为"猴赛雷",说一个球队主教练训话也"猴赛雷",说一个球队运作雷厉风行也是"猴赛雷"。因为这是一个网络流行语,让粤语之外地区的读者还容易理解,倘若不是流行语的地方方言,用在体育新闻中,那就让外地的读者一头雾水了。如:

(46)争议入球 360 度全面睇。"睇"书面语发音"di",斜眼看的意思,广东话发音"tai","看"的意思。

关于网络流行语以及新新人类语等对体育语言的冲击,上文多有表述。此处从语言规范性要求进一步提醒人们在进行体育语言表述时不是不可以使用流行语,而是要恰当合理,适可而止,不能生搬硬套,更不能以此讽刺挖苦他人。譬如:

(47)一首《凉凉》送骑士,克利夫兰球迷祝福詹姆斯,新赛季不会再

---

① 参见百度百科,https://baike.baidu.com/item/%E7%8C%B4%E8%B5%9B%E9%9B%B7/1434783? fr = aladdin.

看比赛。还如：

（48）梅西：我不是天生要强，我只是注定要凉凉！

这两句例句中都使用了"凉凉"这一网络新词。其中后一句表述的是，2018 年俄罗斯世界杯上，梅西所在的球队 0：3 输给克罗地亚，自此，阿根廷小组出线的希望只剩一线生机。因此，该报道称这不是属于梅西的夜晚，并用上"凉凉"这个网络流行语。在别人失败之际，送上"凉凉"丝毫也不俏皮，总给人以苦涩，并有落井下石的感觉。

二、体育语言的法律规范

现代法治社会，人们拥有体育权和语言权。不过在社会意义上，人类个体的自由度则大打折扣，即便针对自己的身体，亦要遵循社会共同体制定的规则，即人们在行使身体处置权时必须考虑法律、伦理、习俗等诸多因素。只不过在人类进程的不同阶段，社会规则对身体处置权的限制程度有所差异而已。[①] 语言权也是一样，尽管很多国家都通过宪法规定人们拥有言论自由，但是不当言论或者危及人类整体秩序的言说同样需要受到限制。故此，基于人类语言整体秩序考虑，任何语言自由都是有边界的，也就是说体育语言权同样需要受到规制，而不是漫无边界。

对体育语言的规制手段多样、路径多种，其中法律规范必不可少，也至为关键。不过，在此方面，也存在一定的争议。有人认为，经济文化科技的迅速发展，现代化、信息化的大大加强，迫切要求加强语言文字规范化、标准化，而我国近期社会对语言文字使用的混乱现象还在加剧，需要制定有关法律，依法加强管理与规范。[②] 在另一层面，"语言和法律彼此相属"[③]，认识到语言正是法律工作者的工具。

体育语言的法律规范需要遵循政策原则、法理原则、简明原则、客观

---

① 张训：《身体处置权行使的刑法边界》，《中国刑事法杂志》2017 年第 2 期，第 24—41 页。

② 陈章太：《语言规划研究》，商务印书馆 2005 年版，第 65 页。

③ ［德］格罗斯菲尔德：《比较法的力量与弱点》，孙世彦、姚建宗译，中国政法大学出版社 2012 年版，第 119 页。

原则。其中基于政策是法律的依据同时又需要法律固化的原理,体育语言法律规范之政策原则是指将国家及民族关于体育活动及其规范的政策作为工作指导;法理原则是注意公民体育权和语言权的宪法护佑,又需要关照到体育语言作为维系体育活动及其与社会其他行业之间交流的社会属性;客观原则是指法律规范体育语言时需要认可语言的工具属性、社会属性以及动态性;简明原则是指提供法律的简洁风格规约体育语言的简单扼要及其功效。

当然对于上述所言的体育语言进行法律规范所依循的几项原则,本身也可以提炼出一项规范制要求。例如,体育语言法律规范体系中的政策原则可以提升为体育语言的政策规范。有人认为,一个国家的语言政策包括三方面内容:1. 规定一个国家(或地区)的官方语言;规定公民在教育、公共服务等领域使用自己语言的权利;规定在商业活动、传媒和出版等领域使用特殊语言的权利。2. 规定一种语言的权威词典的编写和出版。3. 规定在教育领域学习和使用的语言。有人提出,语言政策包括三个组成部分:1. 语言实践,即对社会中的各种语言及其变体所做的选择模式;2. 语言态度或语言信念,即对语言本身和语言使用所持的态度或信念;3. 语言规划或语言管理,即通过各种干预手段改变或影响语言实践的具体行为。[①]

我们认为,首先体育语言政策体系包括语言实践部分。体育语言终究是体育实践中产生又要运用于实践的东西,而且我们国家属于多民族、多语种、多方言的国家,因而在制定体育语言政策时要注意到这种情势,既要允许多种语言形式并存,以适应语言的交际性、激发语言的灵活性,又要制定统一的标准以保证语言的普及性和交际流畅性;既要照顾到整体语言系统的普遍性,又要照顾到体育语言的特殊性。毕竟正如上文所言,体育语言尤其是体育肢体语言、体育术语是全世界独一无二的通用语言。由此,语言实践既是执行语言政策的基础,也是实现语言政策的平台。

其次,要通过一种文化氛围营造、价值观塑造来引领体育语言的规范

---

① 王向豫:《当代中国语言政策分析——政治学的视角》,吉林大学博士学位论文 2014 年,第 2—3 页。

表达。文化氛围营造、体育表述价值观养成都需要通过政策的方式予以固化并传达,让体育参与人在政策引导下树立一种正确的语言态度。

再次,体育语言政策体系中应当涵括一定的融通机制,即允许特殊的行业和特殊的专业建立适合于其行业领域的专业语言体系。譬如体育语言就是一种特殊的语言系统,国家语言政策应当注意到某一语言系统的特殊性,并且注意制定特殊的语言政策以应对。

最后,体育在发展,语言在变化。体育语言政策应当密切关注这种变化趋势并且参与其中,甚至最好能够及早地预测语言发展方向,积极地进行规范与管理。

目前我国没有体育语言的专门法律,但是法律体系中就语言系统立法的存在以下几个层级,有《宪法》之国家根本大法作为语言立法的最高位阶,其他还有基本法律、行政规范、行政规章以及体育社团等规范性文件。笔者将具体法律及其关于语言立法的大概条文简略如下。

《中华人民共和国宪法》第 4 条、第 9 条、第 35 条、第 75 条、第 121 条、第 139 条都涉及到相关语言及言论等方面的规范问题。其中一些条文是关于国家语言及各民族语言形式的规定,如第 4 条第 4 款:"各民族都有使用和发展自己的语言文字的自由,都有保持或者改革自己的风俗习惯的自由。"第 19 条第 5 款:"国家推广全国通用的普通话。"第 121 条:"民族自治地方的自治机关在执行职务的时候,依照本民族自治地方自治条例的规定,使用当地通用的一种或者几种语言文字。"第 139 条:"各民族公民都有用本民族语言文字进行诉讼的权利。人民法院和人民检察院对于不通晓当地通用的语言文字的诉讼参与人,应当为他们翻译。在少数民族聚居或者多民族共同居住的地区,应当用当地通用的语言进行审理;起诉书、判决书、布告和其他文书应当根据实际需要使用当地通用的一种或者几种文字。"一些条款是关于公民言论自由的规定,如其第 35 条:"中华人民共和国公民有言论、出版、集会、结社、游行、示威的自由。"第 75 条:"全国人民代表大会代表在全国人民代表大会各种会议上的发言和表决,不受法律追究。"当然,亦有言论自由限制的规定,例如不能运用语言等方式侮辱他人。(《宪法》第 38 条:"中华人民共和国公民的人格尊严不受侵犯。禁止用任何方法对公民进行侮辱、诽谤和诬告陷害。")

　　与之相应,其他诸如《中华人民共和国国家通用语言文字法》《中华人民共和国体育法》《中华人民共和国刑事诉讼法》《中华人民共和国民事诉讼法》《中华人民共和国行政诉讼法》《中华人民共和国法院组织法》《中华人民共和国检察院组织法》《中华人民共和国民族区域自治法》《中华人民共和国教育法》《中华人民共和国身份证法》《中华人民共和国全国人民代表大会和地方各级人民代表大会代表法》等下位法也就相关语言使用进行了规定。例如,《中华人民共和国国家通用语言文字法》第 2 条:"本法所称的国家通用语言文字是普通话和规范汉字。"第 5 条:"国家通用语言文字的使用应当有利于维护国家主权和民族尊严,有利于国家统一和民族团结,有利于社会主义物质文明建设和精神文明建设。"第 12 条:"广播电台、电视台以普通话为基本的播音用语。需要使用外国语言为播音用语的,须经国务院广播电视部门批准。"第 13 条:"公共服务行业以规范汉字为基本的服务用字。因公共服务需要,招牌、广告、告示、标志牌等使用外国文字并同时使用中文的,应当使用规范汉字。提倡公共服务行业以普通话为服务用语。"第 14 条:"下列情形,应当以国家通用语言文字为基本的用语用字:(一)广播、电影、电视用语用字;(二)公共场所的设施用字;(三)招牌、广告用字;(四)企业事业组织名称;(五)在境内销售的商品的包装、说明。"其中第 12 条、第 13 条、第 14 条就有关于体育行业和体育活动中如何规范使用语言文字的法律规定。

　　其他诸如国务院、相关语言文字和体育行政主管部门制定的相关行政法规、行政规章、行政条例等也涉及到体育语言规范问题。如国务院制定的行政法规《中华人民共和国广播电视管理条例》,其第 36 条:"广播电台、电视台应当使用规范的语言文字。广播电台、电视台应当推广全国通用的普通话。"国家体育总局制定的《关于进一步规范体育赛场行为的若干意见》《关于进一步加强体育赛事活动监督管理的意见》《体育标准化管理办法》等等。

　　体育社团、体育法人也就相关体育专项活动应当注意的事项制定了体育社团章程等规范性文件,其中亦涉及到体育活动中应当注意的体育文化建设、体育术语使用等相关问题。比较值得关注的体育社团章程如:《中国足球协会章程》《中国篮球协会章程》等。而《中国篮球协会章程》中就有"促进篮球文化建设""做好新闻宣传""遵守行业规范和标准"等规范性要求。

至于其他诸如涉及体育事项的司法裁决、体育仲裁等使用的司法和仲裁语言亦根据相关立法和行业准则,既需要遵循语言使用的总体规则,也需要遵循司法、仲裁和体育活动等特殊领域特有的语言使用准则。

三、体育语言的制度规范

制度,是关于整个社会组织或某一事项的整套的行动准则或工作方式。由制度上的一系列规定与管理的强制性而影响到了语言的系统变化,制度与语言的关系成为人们关注的内容。制度与语言关系的研究,主要目的不在于语言本身的问题,而在于制度对语言的影响程度,以及制度是如何通过一定的方式来实施对语言的控制的。①

若要协调与落实体育语言的语言学规范和法律规范,还需要建立完善的制度规范体系。体育语言制度规范体系是在内外两个层面构建而成的。其中,体育语言制度规范的内部运行主要通过语言机制来实现的。所谓"语言机制"就是保障语言功能能够有效实现的各种规则。具体包括修正机制和交际机制两大部分,其中修正机制又分为语义机制、语法机制,交际机制又分为实义切分机制、同义转换机制。②

在体育语言内部规范机制的建设问题中,文字、词汇、语法等方面的规范,在上文已经分析,这里补充的是对体育语言语音上的规范问题。"语言的规范指的是在运用语音、文字、词汇、语法等语言系统的各种要素的时候,来自语言体系的规定性。"③以此而言,语音规范理应特别提出。还有,"在与语言规范相关的所有内容中,语音的规范是最基础、最根本的,没有了语音规范的统一,接下来的词汇、语法等方面的语言规范很难推进。"④

---

① 李无未:《汉语史研究理论范畴纲要》,吉林人民出版社 2012 年版,第 104 页。
② 王铭玉、于鑫:《功能语言学》,上海外语教育出版社 2007 年版,第 192—199 页。
③ 张斌:《新编现代汉语》,复旦大学出版社 2002 年版,第 515 页。
④ 窦桂梅:《跟窦桂梅学朗读》,广西师范大学出版社 2015 年版,第 115 页。

　　体育语言语音规范的对象主要是以声音传播体育语言的体育解说员和体育主持人。体育语言的受众不再仅仅限于依恋于体育活动画面感的人们，还包括对于体育画面相匹配的声音传播的青睐。有调研数据显示，2018 年我国在线音频用户规模增速高于移动视频和移动阅读，人们对于声音的需求度和依赖度越来越高。随着移动互联网的发展和时间碎片化的趋势，当我们的"眼球"被过度消费时，声音这一大家再熟悉不过的介质的核心优势越来越凸显，声音与时间、空间一样，可以塑造一个平行世界，欢迎来到声音的天籁之境![1] 由此可见，声音的价值很重要。声音的内在价值就是声音到底美不美，音质如何，声音感染力如何，而声音的外在价值就是声音迷人不迷人，声音的功效如何，是被受众接受认可还是被排斥。无论是声音的内在价值还是外在价值都是可以规范的，也就是说声音具有可规范性。由此，对体育解说员和体育主持人的声音和语音亦要建立专门的规范机制。

　　体育语言制度规范的内涵建设问题不仅仅包括体育语言修正和交际两大机制问题，还包括规范主体的厘定问题。也就是说，体育语言机制如何能够完成输出或者输出对象是否能够有效遵从，尚端赖于建立起完整的体育语言表达主体的有效规约机制。鉴于体育语言表述者繁杂凌乱的局面，不可能将所有体育语言表述者都纳入制度规范体系中来。譬如临时集结的看台上的观众和散落在社会各个阶层中的体育爱好者，他们都可能是体育语言的制造者和表达者，但绝不可能成为体育语言制度规范的重点关照对象。当然对于体育观众，无论其在场外还是在看台上发表的不当体育言论，只要可以通过一定渠道收集与固定，同样可以通过制定记载不良记录、经济处罚、纪律处罚乃至行政刑事处罚等方式予以回应。所以，如何才能进入体育制度规范体系之视野，我们认为，要么是固定可靠的规制对象，要么是其表达途径具有一定的影响力并且可以固化和收集。由此，体育解说员、体育主持人、体育新闻报道人、运动员等体制内的参与人成为体育语言制度规范体系主要的规约对象。

　　外部规范制度建设中，重点是，对于体育新闻报道人、体育解说员、体

---

[1] http://ent.huanqiu.com/yuleyaowen/2019-01/14165476.html.

育主持人的规范一方面通过上述所言的语言学和法律规范之外,还要借助于特定的制度进行规范。笼统而言,规约体育语言表达者要做到语言文明、用语规范、文理通顺、表达清晰,包括制定针对不同对象的语言文明与规范制度。例如针对体育观众的看台文化制度,针对体育新闻报道人、体育解说员、运动员、裁判员等的体育用语规范制度。

具体而言,做好体育语言制度规范体系的外部建设工作,主要从以下几个方面着手:

一是加大宣传力度,加强体育语言表述人的责任意识和道德意识,明确权利义务关系,通过构建体育伦理机制以培养人们正确的体育文化价值观和伦理观。这里强调的宣传主要是指相关政策法规的宣传,让人们明白不能仅仅将体育语言视为一种工具,同时要认识到体育语言本身就是体育文化体系的重要组成部分。体育语言中的精华部分正是体育文明的结晶。顾拜旦曾经深情地颂扬,"体育就是美,体育就是正义,体育就是勇气,体育就是进步,体育就是和平。"的确体育与人类朝夕相处,伴随并促成人类文明的进程。

宣传不能仅仅停留在形式上,也不能时断时续,要建立体育政策法规文化伦理宣传的长效机制。这一机制的最大功能将是传承正能量,摒弃负能量,传播主流道德观和价值观,遏制亚道德观和价值观。

为了肃清体育犯罪伦理观,尚需要从道德救赎入手,洗涤人们心灵中的金属色,构设生态体育伦理思想和绿色体育伦理思想,塑造积极的体育风尚,重构健康的体育伦理观。这就要求,除了完善针对体育越轨行为的立法和执法体系之外,还需要加强道德对科技导致的伦理观异化的牵引力量,促成道德对主要由经济因素引发的功利心的规诫。为此我们必须在体育伦理体系中注意完善体育管理者、组织者伦理,比赛赛场伦理,运动员伦理和观众伦理等几个重要方面。对体育伦理体系修复不能仅仅依赖于事后惩戒的法律手段,而应当更多地借助于道德规诫的防御和抵制力量。[①]

---

① 张训:《体育犯罪的伦理线索考察》,《中国矿业大学学报(社会科学版)》2015年第6期,第22—28页。

　　二是为防范体育语言失范,着力建立涵括体育活动及语言发生的事前事中事后的预防监测与救济机制。这一机制还应当涉及宏观与微观两个层面。所谓宏观层面,包括法律政策制度上的监管,还包括落实与观察政策法规制度的各级部门监管工作。部门监管从上级到下级,从同行业到跨行业,从外部到内部,多级联动,多部门配合。微观上,要建立或者指定针对每一个主要体育语言发生场域的具体规章制度。譬如针对体育新闻报道人的具体规则就应当落位为关于体育新闻采编和报道的具体规范以及在此活动中的权责关系和奖惩措施。防止体育语言失范的防控机制,需要依托于可见的程序,更需要通过程序来运转机制,既包括通过立法及其宣传等工作所起到的警示与告诫之事前预防机制,也包括针对事后的惩戒与救济机制。

　　三是建立贯通语言、法律及制度三重规范体系的联通机制、了解机制。体育语言作为一种语言系统,首先要受制于语言的整体规范,特别是语言学规范。如何才能保障体育语言遵守语言学规范,这需要借助于相关立法和制度建设。单纯地谈论体育语言的语言学规范、法律规范和制度保障还不够,不能觉得语言规范是语言学的,法律规范是法律体系的,制度保障又是规章制度的,看似规范体系完整,其实乃三张毫无关联的皮。如何才能保障体育语言的规范运行,就需要三者之间建立有效的贯通机制。如此,才能避免三者之间的"老死不相往来"、却又可能重复冲突的局面,而是做到三者各担其职,却又能相辅相成。譬如,体育语言的语言规范寻求相关立法予以推行和保障,而语言学规范和法律规范又要在政策以及制度框架下进行安排。体育语言又是一种特殊的语言系统,而兼顾体育、语言、法律的综合性部门不存在,熟悉体育、法律以及语言学的综合人才不多。这就需要体育、语言、法律、政策等专业领域或部门建立有效沟通机制,打通部门和专业之间的壁垒,为构建体育语言规范运行机制以及配套机制做一些专门性的工作。

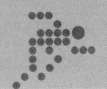

第四章

体育语言的社会功能

　　语言并非个体现象，它是人类整体发展的产物。人类社会的诞生促成了语言及其社会功能，反过来，语言的社会功能也会促进人类个体及整体的进一步发展。语言是自然赋予人类的，但其本质上是社会的。社会属性才是语言的本质属性。正如有人所言，"语言不是个有机体，而是在结合成一个民族的人们无数次活动基础上产生的社会规约。"①总体而言，语言对于社会的维持和发展来说是至关重要的。具体来说，语言在以下几个方面发挥着无可替代的作用。一是维持社会组织的正常运行；二是协调社会关系；三是记录传承文明成果，促进社会进步。② 这也是惯常所言或者总体而言的语言的社会功能。

　　语言同时又是个体和特殊的，它可以在特定活动场域作为特定事物的标记或指称。这就使得特定语言表达及其功能分析成为可能，也成为必要。体育语言，作为在体育领域诞生的这一特殊语言和话语体系，和整体语言体系相较，必然有其特殊的社会功能。特别是随着体育领域的拓展和分化，体育语言亦呈现出多样性姿态，产生诸如国家体育语言、民间体育语言、媒体体育语言、体育法律语言、体育政治语言、体育文化语言等等。

　　因为在不同场合使用或者带有某种倾向性表达，使得体育语言形成

---

① ［苏联］柯杜霍夫：《普通语言学》，常宝儒等译，外语教学与研究出版社 1987 年版，第 67 页。
② 张树铮、郭昭军、赵红梅等：《语言学概论》，武汉大学出版社 2012 年版，第 41—42 页。

特定的社会功能。换言之,体育语言在不同场合或者表达倾向不同就会呈现出不同的社会功能。本文将结合实践中的具体案例分析那些涵摄政治意蕴或者流露民族情结的体育语言的政治表达、文化表达、法律表达及其产生的社会功效。

第一节　体育语言的政治表达及其社会功能

语言有没有政治功能或者政治性? 这不仅仅取决于语言能不能作为一种工具,也取决于语言是不是在政治或者政策场合中使用。人们也可以从孔子"一言可以兴邦,一言可以安邦"这句话中体会其中之意。在政治场合或者为政治用途使用的语言就会具有政治功能。所以,语言本身是中立的,是政治用途让其具有了政治功能。或者易言之,政治功能体现在把一种语言从教学语言的功能提升至具有一些其他特殊功能如具有国家官方语言的功能或成为国家政府法律部门的工作语言等。[①] 当然,我们须注意学者的告诫,"要分清语言政治的运行功能与社会语境的适用性关系"[②],即不同国家的政治语言虽然具有相通性,但并不具有普适性;某一场合或者某一领域的语言政治功能在另外一些场合或者领域就不一定适用或者发挥作用。这就会让我们在考虑体育语言的政治表达及其社会功能时多一些审慎。

那么,体育语言具有政治功能或者至少含有政治意蕴么? 它又是如何表达和体现的呢? 换言之,体育语言是如何进行政治表达并且发挥其社会功能的呢?

我们认为,要回答这一问题,首先需要探查体育具不具有政治性。关于此上文已经有一些论述。在现代社会,社会体育意味着健康,竞技体育意味着财富,学校体育意味着传承,多样的体育生活给参与其中的人们制

---

① 王晋军:《中国和东盟国家外语政策对比研究》,云南大学出版社 2015 年版,第 3 页。

② 朱崇科:《华语比较文学:问题意识及批评实践》,生活・读书・新知三联书店,2012 年版,第 38 页。

造了精神愉悦,而卓越的体育成绩则给运动员个体乃至民族与国家带来无上荣光。事实上,纵观人类历史,体育的魅力和影响力不仅止于此。体育的兴衰史往往就是一国国力盛衰的晴雨表。即便在和平年代,一场普通的足球友谊赛在不经意间都可能上升为一场民族战争。为国争光的体育明星也常被视为民族英雄。所以,世界各国纷纷加大对体育事业的投入力度,争相申办奥林匹克运动会等大型国际赛事并积极组织代表团参赛,力争取得好成绩,以显国威。可以说,当下的体育在一定程度上被赋予了政治意蕴。[①] 甚至如学者所言,"竞技运动经常被一些所谓的国家主义所利用,使其沦为政治的工具"。[②]

体育具有政治性,语言又可以具有政治功能,可想而知,两相结合,即体育语言在特定场合自然具有政治意蕴。故此,体育语言倾向于政治表达虽非常态,但也作为一种体育语言的实践样态而存在。虽然如上文所言,对于体育语言的政治性要持有审慎态度,但是也没有必要大惊小怪,而且体育语言的政治表达是体育良性发展的需求也是规律体现。只是,在此人们需要做好两方面的事情,即,一方面疏导体育语言政治表达时实现其积极的社会功能,另一方面,要警惕其过于政治化致而滑入政治泥淖。

一、体育语言政治表达的提炼

(一) 体育语言表达的多重性

虽然对体育语言的分类前文已多有表述,但是为了契合本处关于体育语言表达场合和倾向不同,此处再次述及体育语言表达的多重性特质,并从中划定体育语言的政治表达、经济表达、法律表达和文化表达。循此

---

① 张训、费加明:《论体育犯罪及体育刑法的构设》,《上海体育学院学报》2013 年第 1 期,第 34—38 页。
② 刘湘溶、刘雪丰:《当前竞技体育伦理问题及其实质》,《伦理学研究》2006 年第 3 期,第 88—91 页。

路径,鉴于使用主体、使用场合、交流对象、交互关系以及社会功能等的多样性,体育语言表达亦呈现多重性。

　　体育语言表达的多重性首先体现在体育语言多样性划分上。针对使用主体身份、地位等不同,可以将其化为官方体育语言与民间体育语言。在此基础上,还可以进一步将官方体育语言细化为国家机构体育语言、国家领导人体育语言、官方组织体育语言、官方媒体体育语言等,而民间体育语言则可以划分为职业体育人体育语言、一般民众体育语言、自媒体体育语言等。或许这种划分并不完全准确和科学,但出于回应实践的需要,人们无法忽视此类体育语言的特定划分。正如针对媒体体育语言,有学者认为,它历经多年的传播和千百万体育工作者的长期使用,早已在社会上普及和推广了,被人民大众认可和习惯了,具有根深蒂固的影响了,成为约定俗成的叫法了。① 当然正如上述,媒体体育语言还可以细分为官方媒体体育语言和自媒体体育语言等。

　　根据交流和使用对象不同可将体育语言划分为国际体育语言、民族体育语言和个体体育语言;也可以针对体育语言使用方式及表达能力不同,将体育语言划分为专业体育语言和业余体育语言。针对体育语言的功能性或者出于表达的需要,可以将其分为体育语言的政治表达、体育语言的法律表达、体育语言的经济表达、体育语言的文化表达等。

　　此外,还需要承认体育语言不仅仅表现为口头、书面和思想上的交流层面,它还应当包括单纯的体育肢体语言。事实上在体育领域,尤其在竞技运动领域,身体语言或者身体符号同样丰富,表意繁多。作为一种特殊的语言体系,体育肢体语言同样可以完成其政治表达的任务。例如足球运动员取得进球后用手指向或者亲吻队服上的国旗标志,这显然是表达一种国家情怀。当然在赛场上亦有一些带有民族歧视的体育肢体语言,前文已经述及,兹不赘述。

---

① 张庭华等:《走出体育语言——从语言学界的共识看媒体体育语言现象》,《体育文化导刊》2007 年第 7 期,第 50—54 页。

(二) 体育语言政治表达的界定

在体育语言的多重表达中,其政治表达需要厘清与界定。在有些人看来体育与政治似乎并无多少关联。而且随着体育体制改革的深入,体育社团或者体育组织正逐步脱离体育行政,走向"管办分离""事社分离"的模式,而市场、商业因素注入体育链条,亦增强体育的自我净化能力,并在一定程度上稀释了体育的政治色彩。不过真能做到体育的归体育,政治的归政治么?

虽然体育看似是人类个体或者自发的活动,个体亦拥有体育权利,不过每个人包括其身体和体育活动又都是国家和社会的。以此而言,体育具有国家性和民族性。正如有人指出,"人身体所具有的能量是国家所能控制的一种最原始的资源,国家迫使个体本身也参与到国家、民族威望的构建中"[1],而体育的国家性和民族性恰恰是对体育的政治制约。以中国而论,开展体育运动、增强人民体质、提升体育成绩是强国战略的重要一环。中国梦中一定涵括体育梦。从体育大国走向体育强国,就是中国体育梦的核心。国家领导人也先后两次对体育梦与中国梦的关系进行了论述:"我们每个人的梦想、体育强国梦都与中国梦紧密相连。"[2]"中国人民正在为实现中华民族伟大复兴的中国梦不懈奋斗。体育是提高人民健康水平的重要手段,也是实现中国梦的重要内容。"[3]

试想哪一个中国人不憧憬中国足球冲出亚洲走向世界,哪一个中国人不希望中国运动员在国际赛场上获得佳绩?誓死打碎"东亚病夫"招牌不仅仅映射出每个中国人的心声,也成为整个中华民族抗争的精神写照。

在国家层面,以举国之力提升一项体育运动水平或者增强一位运动员的运动能力透露着的正是体育的国家情怀。而对个人而言,任何一位

---

[1] 孙睿诒、陶双宾:《身体的征用——一项关于体育与现代性的研究》,《社会学研究》2012 年第 6 期,第 125—145 页。

[2] 参见新华网,http://www.xinhuanet.com/politics/2014-02/07/c_119234468.htm.

[3] 参见新华网,http://www.xinhuanet.com/politics/2014-08/16/c_1112104807.htm.

运动员能够在世界赛场上取得骄人成绩都离不开国家所营造的体育氛围。国家的关注使得体育上升到政治高度,或者至少不会因为脱离政治管束而致其成为脱缰的野马。体育的良性开展和体育成绩的取得也唯有在国家、民族的维度内才更有意义。所以不管体育是处在国家高度或者以国家的名义开展,还是个人在体育活动中寻求国家依靠和民族归属,在这一双向互动中,体育语言的政治表达是最为生动的。

由此,体育语言的政治表达一方面是指国家通过国家及其领导人的行为拔高体育的政治高度,使其成为一种国家行动,在其中所显露出的一种政治倾向,另一方面,是在此体育氛围下,即便在纯粹的体育竞技和民间体育活动中,体育参与者也会通过口头、肢体等语言有意无意流露出的一种国家情怀和民族情结。

二、体育语言政治表达的模式

对于个人而言,其所获得的终极归属感最终一定是建立在国家和民族之上的。不过政治不仅仅是国家的,民主政治视域里是容许乃至提倡个人的政治表达和参与的。即便在政治国家,个人在其中的身份是公民。意指政治权力或公共权力的拥有者之一。[①] 故此,作为体育领域的政治表达而言,其主要分为两种形式,一种是官方模式,一种是民间模式。也就是说,体育领域中能够表达政治意愿和民族情结的既有国家的集体身份,亦有公民的个人身份。譬如运动员踏上国际赛场不仅仅是为自己的荣誉而征战,更是为了国家和民族的荣誉而征战。个人的荣誉固然重要,这样才能对得起自己经年的刻苦训练,但是国家荣誉更加重要,没有国家的培养和支持,一个人的力量总归是渺小的。所以当一个运动员获得奖牌身披国旗绕场一周的那一刻,其向世人表达的不仅仅是个人情愫,一定还沾染着浓浓的爱国情操和民族情结。

---

① 刘兆兴:《比较法在中国(2008年卷)》,社会科学文献出版社2008年版,第26页。

（一）体育语言政治表达的官方模式

1. 作为国家行为的体育话语

在全球化背景下,现代体育是世界性的。几乎没有国家能够置身事外,这也使得体育行为在许多场合成为国家行为。以国家的名义参与或者退出某项体育赛事,是一种表明政治态度的体育话语。根据国家体育话语所表达的政治立场和所达到的政治功效,可以将其主要分为两类,一类是拒绝型或者壁垒型的国家体育话语,另外一类是接受型或者融合型的国家体育话语。前者对于国家交往产生消极影响,后者则会带来积极影响。

在国际交往舞台上,体育行为一方面可以成为抵制他国或者两国交恶的国家行为。例如1980年,美、日等国家就联手抵制、拒绝参加前苏联举办的莫斯科奥运会,随后,前苏联也如法炮制、以牙还牙,拒绝参加1984年在美国举办的洛杉矶奥运会。另一方面,国家之间也可以通过体育外交打破坚冰,开启国与国之间的尝试性乃至深入性交往。例如上个世纪70年代我国与美国通过"乒乓外交"以"小球"推动"大球"的体育活动就是一次外交典范。再如近期朝鲜与韩国之间不断通过联合组队共同参加2018年平昌冬奥会和组队参加2018年世乒赛等方式,用体育的神圣和运动员之间的友情来慢慢消融两国间的关系壁垒。与之呼应,朝鲜最高领导人也在板门店跨过军事分界线,首次踏入韩国领土,与等候在那里的韩国领导人进行了跨时代的会面。

由此可见,在国家推动或者运用体育层面上,体育活动俨然成为一种外交辞令。有时,它作为一种融合性的政治表达,即利用体育的无国界属性冲破国家间曾经树立的交往壁垒,代表着国与国之间积极交流合作的政治态度;有时,它作为单方强硬的政治表达,即通过树立国家交往上的壁垒隔断或者切断体育的交流和开放属性,代表着一个国家或一个民族对外所持有的一种政治态度。

2. 国家领袖个人的体育话语

体育话语的国家表达往往是通过国家领导人的行为表现出来,由此国家领导人特别是国家元首的行为在一定场合就代表了国家行为,其体育话语表达往往也是国家体育话语的政治表达。例如在当年因为涉嫌禁药,俄罗斯体育代表团是否被禁止参加里约奥运会的难题上,俄罗斯总统普京就曾一再强调政治不该干涉体育。其实这又何尝不是一种政治策略,其一系列言论已然表明一定的国家政治态度和民族立场。不过,当国家领袖出席纯粹体育活动,表达一种体育理念和思想,或者参加某些体育运动肢体语言的流露则更多地代表个人,属于个人行为。例如在 2018 年俄罗斯世界杯揭幕战中,总统普京每逢俄罗斯国家队进球就朝向沙特王储穆罕默德·本·萨勒曼摊手的行为。再如塞内加尔总统麦基·萨勒请假观战为自己国家球队助威的行为。

当然,国家领袖或者元首个人的体育行为不同于一般人的行为,其体育话语会因为其主体的特殊性而具有特殊的影响力。例如中国国家领导人习近平同志不仅身体力行践行体育运动,还发表一系列重要体育话语进一步阐释体育思想和体育精神,并给当今这个时代的前进道路指明方向。诸如其"发展体育运动,增强人民体质"之言指明了体育运动的根本任务;其"体育强国梦都与中国梦紧密相连"之言指明了体育梦与中国梦之间的关联;其"体育运动在中国是一项神圣的事业,体育运动在中国的发展也是对人类发展的贡献"之言指明了体育运动的地位、性质及其作用。

3. 官方媒体的体育话语

在体育竞赛尤其是涉及到对抗性的竞技比赛中,官方(权威)媒体的相关体育话语就会随处透露出一定的政治倾向。这种政治倾向有些是通过战争隐喻表达出来的。例如:某一运动队伍要出国比赛,某主管体育官员参加践行仪式,并将比赛描述为"为国出征"。官方媒体在报道或者解说两国运动赛尤其是足球赛事时,总是不断使用带有战争隐喻的字眼。就此笔者于上文已多有描述,此处简单示例以示强调。例如称两支运动队比赛为"两军对垒",一方实力强大为"劲敌",另一方实力不济则为"弱旅",称教练员为"少帅"或者"老帅",称后卫线战术布置为"布防",称一方队员带球突进为"杀入敌方禁区""冲锋陷阵",称球员进球为"攻城拔寨"

"又下一城",称一方溃败为"兵败如山倒",还充斥着大量的"冲、杀、击、砍、攻、防、守、撤、胜、败、三军用命、士气大振、无心恋战"等战争用语。官方媒体对足球比赛带有战略语言的政治表达或许跟足球源于战争有关。因为据学者考证,英国足球是起源于公元 913 年英国人在战争中战胜丹麦人后以敌人头颅为乐的游戏。[①] 也或许是因为足球与"战争"具有许多相似点。战争和足球这两个不同的领域中通过成员、成员关系、成员的作用三个方面一一映射,从而建立起了紧密的联系。[②]

(二) 体育语言政治表达的民间模式

1. 体育运动员的民族情感表达

因为身处竞技赛场,随着比赛进程推进,运动员是最需要在身体和精神上进行宣泄的个体,也是体育话语表达最直接和最强烈的个体,其肢体语言尤为丰富。受体育项目种类、国别、性别、文化、宗教信仰、个体性格等影响,体育运动员的体育肢体话语种类繁多,倾向性也有所不同。譬如有的足球运动员进球之后翻翻跟头,对着镜头大声吼叫等,这些都无伤大雅,但有些运动员体育话语则流于俗套甚至不雅,譬如有的竖中指,有的喷垃圾话,甚至有的做出带有种族歧视和民族歧视的动作。

在诸多的运动员体育话语中,人们还能注意到一些带有民族情结或者政治意味的表达。例如有些足球运动员在进球之后会手指自己胸前的国旗,有些则几个运动员围在一起跳起能够代表自己国家和民族的舞蹈。事实上,在民族情感的表达上,几乎任何一个有爱国心的运动员都会自然流露。这是一些积极健康的元素,人们没有理由加以制止。不仅不加制止,在诸多国际性赛事中,赛事组织者还会刻意添加进国家与民族元素,以深化运动员的民族情结和爱国情操,从而提升竞赛的神圣性、对抗性和激烈性。诸如在足球赛事开始前奏双方运动队所属国家国歌,颁奖仪式上同样升国旗、奏国歌。

---

① 颜绍泸:《体育运动史》,人民体育出版社 1990 年版,第 182 页。
② 董晓波:《中文足球新闻报道中战争隐喻的分布及其价值》,《西安外国语大学学报》2016 年第 2 期,第 45 页。

　　当然,在带有民族情结的运动员体育话语中也夹杂着一些不利于国际融合甚至反人类的元素。在当今时代,任何强调自己所属民族是优等民族、对方为劣等民族的侮辱性的做法都是反社会、反潮流的。恰恰有人在足球赛场上做出针对他人的带有种族歧视的"打伞"动作。有的运动员特别针对其他种族的运动员模仿猴子的动作以侮辱对方。有人甚至将其进一步升格,从侮辱个人上升到侮辱整个民族乃至国家的层面。2018年俄罗斯世界杯上,在瑞士2：1战胜塞尔维亚的比赛中,瑞士队两名阿尔巴尼亚后裔的球员——扎卡和沙奇里,先后做出了双头鹰的动作(阿尔巴尼亚的国旗标志就是双头鹰),被认为是对塞尔维亚球迷的巨大挑衅。①体育运动员这些赛场上的体育肢体语言带有明显的政治倾向。

　　2. 体育参与者的民族思想流露

　　体育社会化、市场化以及商业化运动使得体育运动越来越呈开放姿态。除了运动员之外,其他人等也能够参与进来。这些人中,既有教练员、裁判员、运动官员、医疗人员、安保人员、拉拉队员等与体育赛事紧密相关的人员,也有营造体育氛围助推赛事的体育观众。

　　对于诸如足球等竞技性运动而言,最少不了的就是体育观众。尤其是到场的观众容易受到比赛气氛的影响而做出形形色色的体育语言表达,其中不乏一些涉及民族性、宗教性、政治性因素。同体育运动员话语中的民族情感流露一样,体育参与者健康的民族情感表达亦被理解与尊重,不过,过分的民族主义不利于体育运动的健康发展,甚至给人类带来灾难。例如2012年欧洲杯小组赛就因为俄罗斯球迷打出政治标语"攻陷华沙"而引起了俄波两国球迷之间的大规模冲突。

　　当然,体育参与者不仅仅在赛场内表达民族情绪,还会将这种情绪蔓延至赛场外,从而引发更大规模的乃至不可控的局面出现。有时,这些情绪甚至会被别有用心的人或组织加以利用,从而使体育沦为政治或者宗教牺牲品。例如暴力恐怖组织往往在大型赛事活动中,选择与其拥有不

---

① 佚名:《瑞士队的这个庆祝动作让世界杯没能躲过政治》,http://news.163.com/18/0623/12/DL018K470001875P.html.

同政治、民族背景的群体作为恐怖袭击对象。有些极端分子及其组织甚至怀揣政治或者宗教目的将体育赛场当成屠杀场。以 1972 年发生的慕尼黑奥运会惨案来看,其恐怖犯罪者的主要目的是要挟以色列释放在押的巴勒斯坦政治犯。民族矛盾往往也成为点燃体育参与者不良情绪的导火索,从而致使一部分狂热分子一开始就不是冲"球"去的,而是冲"人"去的。例如 2010 年安哥拉国家队遇袭事件、2007 年印度羽毛球世锦赛爆炸事件等,这些体育暴力恐怖犯罪事件无不侵染着民族主义色调。

三、体育语言政治表达的社会功能

体育语言的政治表达发挥着重要的社会功能,对于推动体育以及其他事业的发展起着重要的作用。体育语言政治表达的官方形态和民间形态亦分别在不同领域发挥作用,而积极与消极性质不同的体育语言政治表达方式也会分别传递正负不同的能量。主要来说体育政治语言的政治表达会在国家、民族的文化传承以及国家、民族的交往中发挥重要的作用。

以体育的方式,表达和传递人文价值和理想,促进交流与沟通,是人类文明最伟大的创举之一。体育是文明的体现,体育文明需要塑造与传播[1],或者说体育本身就是一种人类文明。体育语言是体育文明外化的重要载体,在本土化上,它蕴含着一个民族生生不息的奋斗精神,在世界横向比较上,它展示着一国生产能力和人民生活水平。作为一种文化基因,体育语言的政治表达既是一种文化,同时又在传承文明、传播文化。当然,体育语言政治表达功能并非从体育活动一经产生就天然具有,而是在随着国家的建立,体育被视为一种政治文化标志的时候,它才可能产生。由此体育语言的政治表达是人类发展到一定程度的产物。直到今天人们可以在体育的文明和文化史中,窥视到这个民族从起源时代的抗争的身影,也可以看到人们因为体育而做出的改变。这就是体育的力量,也

---

[1] 苏迪:《体育文明需要塑造传播》,《光明日报》2016 年 12 月 28 日,第 2 版。

是体育文化的魅力。

但体育语言并非都能传承文明,这主要取决于它表达的方式和倾向性。体育语言的错误表达不仅会给人类文明制造消极影响,抹黑文明,还会阻断文明的进路,从而给社会传递负能量。健康的语言表达方式才会有利于传播体育文明和人类文化,而低劣粗俗的体育语言以及体育语言反主流、反潮流的政治表达则会有损体育文明和人类文化。

对于国内建设而言,体育语言政治表达的正确行使有利于构建和谐文明的社会。民众体育语言的民族情结成为提升民众精神、推动体育发展、增强人们交流的内在动力,而官方体育语言的政治表达则成为推动体育体制改革、全民体育运动乃至国家梦、民族梦的强心剂。

对于塑造国家民族形象,推动国家交往和民族融合而言,体育语言的官方表达形式和民间表达形式同样重要。事实上,对于长久以来关系僵化乃至对峙的两个国家而言,体育外交的民间语言往往成为开启破冰之旅的钥匙,而体育语言政治表达的官方模式则为这趟旅程画上郑重的符号。正如上文所言,体育语言政治表达既有推动和维持国家民族之间交往的正面功效,同时也有负面功效。对于旨在构建人类命运共同体爱好和平的人们来说,体育语言是政治外交的和谐之音。

所以,我们在挖掘体育语言政治表达的社会功能的同时,还要力图避免体育语言沦为工具,特别是谨防其滑入泥淖。这或许不是危言耸听,倒是未雨绸缪。顾拜旦曾言:"所有的问题都已经跟政治有着密切的联系。"①在以上表述中,我们已经能够感知到。小到赛场上的种族、国别歧视,大到一国运用政治手腕试图玩转体育。一旦体育沾染政治色调乃至成为政治的傀儡,那么,体育文化、体育精神以及体育魅力必然大打折扣。某具有广泛影响力的国际体育运动联合组织一直以来广招非议,不仅仅因其内部存在腐败行为,还因为这种腐败行为往往与政治有着千丝万缕的勾连。为此,排斥政治因素几乎成为善良体育人的共同情结。

---

① [美]皮埃尔·德·顾拜旦:《奥林匹克宣言》,人民出版社 2008 年版,第 4 页。

至于如何划清体育与政治的界限或者将体育从政治的窠臼中剥离出来,笔者认为除了要喊出政治的归政治、体育的归体育的时代话语之外,具体而言,不仅要设法割除各种重要运动项目协会与政治官员之间的纠葛,还要在体育赛事、体育协会、体育社团、体育部门等各个环节切割政治势力。近期中国体育总局接受中纪委巡视组巡查后所布置的系列整改方案已然透露出这种迹象。例如其制定的《以运动项目管理中心和单项体育协会改革为突破口,深化体育管理体制改革的方案》旨在解决行政、事业、社团、企业四位一体,权力高度集中的问题,并确定一些体育协会管办分离、以体育社团机制运行的改革试点。与此同时体育总局还开始着手解决体育行政干部在体育社团兼职的问题。与之呼应,2015 年 3 月公布的《中国足球改革发展总体方案》明确了中国足球协会作为具有公益性、专业性、权威性的全国足球运动领域的社团法人与国家体育总局脱钩,在人财物等方面拥有自主权,并规定中国足球协会不设行政级别。相信,随着体育协会对行政体制制约的破除,将会开启中国体育协会走向自我创建的新航程,也一定能因此推动中国体育发展的新迹象。①

第二节　体育语言的法律表达及其社会功能

上文在体育语言分类中提及体育法律语言及其大致内容。这里主要从法律定位和法律性质等方面对体育语言进行法律固化与定位。现代法治社会,在特定场合或者特定领域的语言表述也需要法律赋权与固化,体育语言亦不例外。除了寻求法律的赋权与固化之外,体育语言本身也会在不同的场合产生不同的法律功效,并且通过这种法律功效或者以法律表达的方式传递其社会功能。

① 张训:《体育职务犯罪实证分析——主要以国际足联腐败案为考察对象》,《体育与科学》2015 年第 5 期,第 47—56 页。

一、法律对体育语言的赋权与固化

　　在体育语言失范与规范的章节中,笔者曾就体育语言的法律规范进行了细致阐释,其中提到法律作为规范体育语言的一种手段,并表明了体育语言法律规范的几重原则以及我国立法司法等法律实践方面对体育语言的规范样态。不过此处笔者更想从权利义务的角度探讨体育语言需要寻求法律的帮助以及法律对体育语言的赋权与权利固化等功能问题。

　　关于语言权,人们认识并不一致。有人使用"语言权"概念,认为"语言权是公民、族群、国家及各种组织表达思想时选择和使用语言文字作为物质手段的权利。"[①]有人使用"语言权利"概念,认为"语言权利最初包含两种意义,即在公共领域中承认单一语言制下的个人语言自由。"[②]

　　语言权就是人们说话的权利,有人则认为它是能够自由学习和运用其所属国语言文字的权利,有人认为它是一种专有权利。加拿大双语和双元文化委员会给语言权下的定义是:语言权不只是指公民可以用他们的语言和别人沟通。它是法律有明确保障使用一种特殊语言的权利,其范围包括公共事务、国会和立法程序、日常与政府的接触、司法程序和公立学校制度。它也可以包括某些私人活动。为此,我们国家的人们就享有使用国家通用语言文字的权利,少数民族拥有使用本民族语言的权利,方言区的人们享有使用本地方言的权利,聋哑人等特殊群体拥有使用适用于这一特殊群体语言的权利。而且这些语言权需要通过法律予以赋权和固定。[③]

　　以此而言,体育语言权乃是一种特殊领域的语言权利,是指体育人拥有运用适合于体育领域有利于体育活动开展和体育事业发展的特殊语言的自由与权利。在法律层面或者与法律发生关联的维度里,体育语言权的健康发展需要做好以下两个方面的工作:

---

① 刘红缨:《语言法导论》,中国法制出版社 2006 年版,第 24 页。
② 潘庆云:《法律语言学》,中国政法大学出版社 2017 年版,第 266 页。
③ 陈章太:《语言规划概论》,商务印书馆 2015 年版,第 107 页。

其一，寻求法律保障。任何一种特殊的语言权利都不是天生的，需要在特定场合中予以催生，更需要进行维护。对于体育语言权而言，法律赋予并固化权利是一种可靠稳妥的手段。一般意义上，法律赋权是指国家立法机关通过法律制度与法律服务安排某类人或者某类事项一定的权能。对于体育语言而言，法律赋权是国家通过相关立法明确赋予人们在开展体育活动发展体育事业时以必要的权能，并同时厘定体育语言的表达主体、表达内容、表达对象等相关事项。

具体而言，体育语言权之权力关系中的语言表达主体在一般意义上应当没有限制，即任何人都可参与其中并享受表述的自由。不过在特定体育领域，特别是体育术语的表达，其主体往往是受限的或者说是特定的。否则即便规定了任何人都有体育术语等特殊体育语言的表述权，也会因为体育术语的专业性让其他人无从下口以致于虚设。但这并不意味着其他人囿于专业限制而无法置喙就在此方面失去体育言说权。

恰恰不是，体育语言权理应包含两项重要的权利：一项是选择权；另外一项是知情权。选择权意味着人们有选择说和说什么的权利，知情权意味着人们有知悉体育活动和体育事务中的一切事项的权利。因此即便外行人也有知晓进程并随时参与进来的权利。譬如一般人之于体育立法中的体育立法语言知晓不多，但是从立法程序的开放性要求上看，任何人都有参与权、知情权和表述权。在涉及到专业难度而无法充分展开听证程序的情形下，相关机构和人员有义务予以解读。这就如我国法律规定，诉讼程序中如果涉及到诉讼参与人因聋哑或者其他种类语言而面临语言上的障碍时司法机关需要提供翻译一样。在更广泛意义或者更高层次上，体育语言权利还包括体育语言学习的权利、体育语言研究的权利以及获得体育语言服务的权利。当然鉴于体育语言种类的繁杂多样，专业结构层次不同，表述场合以及受众亦有差异，因而人们在行使体育语言权的应当注意行使力度和分寸。就此，将于下文予以解析。

总体而言，体育语言进行上述分类是沿循一种法律路径展开的，换言之是按照法律的逻辑进行的，同时每一项体育语言权利的成立需要在法治体系中才有真实性、有效性，以此而言，体育语言权利需要法律做出细致规定同时需要法律予以保障。就我国来看,体育语言类型多样,体育语言表述者繁杂,专门性的体育语言立法一时间难以出台。不过以宪法为母法与其他相关体育、语言文字的相关法律规范一起组建了关于体育语言的法律体系。在这一法律体育体系中,人们可以明晰地看到体育语言权的存在。对于构建保障体育语言权利的法律体系而言,一如学者在整体语言系统的法律保障体系时所提倡:"我国《宪法》《国家通用语言文字法》《民族区域自治法》等都对语言权利和义务有明确的规定,但随着社会的发展,有些方面还需要进一步细化、调整、补充和完善,并加大相关立法和执法的力度。"①

其二,在法律范式内进行表达同时注重体育语言表达的法律效果。体育活动纳入法治化建设轨道必然要求体育语言表述需要在法律范式内进行。言即,体育语言表述主体需要注意体育语言权的行使边界。这一方面受制于语言权利内涵的题中之意,另一方面则涉及到妥当的言论抑或是不妥的言论会制造不同的法律效果的问题。

从第一方面,也就是体育语言权内在的制衡要素来看,权利本来就具有相对性,拥有权利就意味着负有义务。"权利是绝对的还是相对的? 这是我们研究'权利的法律界限'首先必须明确的问题。"②在法律层面探讨权利概念与内涵成为必要。不过关于权利,人们从不同的角度进行探查和阐释,存在利益说、资格说、选择说、主张说、力量说、自由说、规范说等,还有人将权利划分为公民权利、政治权利和社会权利,并分别论析意义。笔者无意于此学术纠葛,此处只是想强调一点,即"权利只存在人类社会,其主体只能是人,只有人才具有行使权利的能力,也只有人才可能承担因使用权利而产生的义务。"③这样就意味着不能对权利进行泛化理解,譬如提倡所谓的动物权利等。其次,尽管人们主张权利应当包括利益、主张、资格、权能、自由五大要素,④但鉴于在法律框架下解析体育语言权利

---

① 赵世举:《语言与国家》,商务印书馆2015年版,第182页。

② 程燎原、王人博:《权利与其救济(第2版)》,山东人民出版社1998年版,第203页。

③ 严存生:《法律的人性基础》,中国法制出版社2016年版,第506页。

④ 夏勇:《人权概念的起源》,中国政法大学出版社1992年版,第42—44页。

的题意,我们倾向于认同在规范意义上解读权利,即"规范说认为权利是法律所保障或允许的能够做出一定行为的尺度"。① 我们以为,在规范意义下的解读权利更为贴近法律逻辑的解读。因为它既强调权利主体的选择权,即"能够做出行为",但同时强调权利主体选择的限度,即要在"一定"和"尺度"内展开。这一定义既符合社会行为准则,也符合法律逻辑。

对于体育语言的法律赋权而言,不可能脱离法律意义下的权利的制衡轨道,即人们在法律框架内行驶权利,同时为此保持克制,以防止权利的滥用。这一逻辑表明的意向在于,通过法律赋予体育语言权同时也意味着通过法律约束和制衡权利的行使,并且还运用义务这一权利的对向性因素予以警醒。也就是说,体育语言权的内在制约包括两层含义,一层是规定体育语言权的法律本身,第二层是义务这一权利的对向性要素。而这两层限制都来自于内部制约,或者说是体育语言权的本来之意。

从第二个方面,也就是体育语言权的实施所产生的法律效果角度来看,表达者需要在言论自由的理想和现实之间做出权衡。自由从来都是相对的。"世上没有绝对的、不受任何制约的自由。自由总是相对的、有条件的、具体的、历史的。"②这些话对于体育语言权行使者同样适用。换句话说,体育语言表述者有表达的自由,但受众亦有不接受或者质疑的自由。说者的自由多了,听者的自由就会受到限制。如何才能权衡双方的关系,也就是如何才能权衡权利与义务的关系,这不仅仅是法律问题,更是社会问题。所以,即便体育语言权行使有法律的保障,但是同样需要注重其实施的社会效果。现实中,拥有体育法律语言权的主体有立法机关、司法机关,如果从更为广义的角度理解,还包括体育行政机关、体育仲裁机关、体育纪律机关、全国性的体育法人和社团组织。它们可以通过立法、司法、仲裁、行政处罚、纪律处罚等形式实施自己的体育语言权。在一定意义上,体育法律语言表述者拥有的体育语言权利越多,对于利益相关人或者相对人而言,可能意味着受到的限制越多,失去的自由越多。如果

---

① 范进学:《法理学问题》,上海三联书店 2013 年版,第 120 页。
② 李光远:《社会主义与个人自由》,红旗出版社 2013 年版,第 89 页。

找不到一个适宜的平衡点,此类体育语言权的表达主体就可能会侵犯相对人的利益,从而要么招致强烈反对,要么招致消极抵抗,最终都会影响权利实施的社会效果,也从而影响法律在体育领域的地位,最终影响体育法治化的进程。

二、体育语言法律表达的模式

现代社会是法治社会,尽管竞技体育曾经走过暴力美学之路,当然今天仍然可以窥见其中的身影,但是,体育终究是一种文明,也最终会成为一种文明。所以,体育语言中的诸种表达最终也要归结并上升到文明层次,而法律是一条重要的依循之路。甚至可以说,对于体育语言而言,"语言和法律彼此相属"。[①] 在法律需要之后必然进行的是法律表达,而法律表达具有什么样的基本类型特征,对社会最终形成什么样的法律和法律实施来说至关重要。[②] 体育语言权需要法律固化和赋权,而体育语言权的法律效力最大化发挥则需要借助于法律表达方式,而其法律表达的基本类型和模式将决定其所能实现的法律效果和达到的法治水平高度。概括而言,体育语言的法律表达模式或类型主要有以下几种:

一是体育语言法律表达的均衡模式。体育是开放性的全民参与的领域,体育语言的法律表达亦需要置于这一特定语境下。即便是立法机关、司法机关、体育行政机关等权力机关和执行机关为了推进体育的顺利有序发展,也需要遵循独立自主、平权契约精神,在此之间才能找到利益分配的均衡支点。体育语言法律表达最典型的模式莫过于立法和司法模式。在寻求体育语言的立法模式时,需要立法机关在制定立法之初就应当扩展立法程序,通过举行听证和草案征求意见等程序广泛吸收民众的意见。正如考夫曼所言:"法不是如同树木和房屋一般的'客体',相反它

---

① [德]格罗斯菲尔德:《比较法的力量与弱点》,孙世彦、姚建宗译,中国政法大学出版社 2012年版,第 119 页。

② 王耀海:《制度演进中的法治生成》,中国法制出版社 2013 年版,第 208 页。

是一种关系的结构,人们在这种关系中相互依存并与物发生关系。"①这句话的核心要旨在于,法律及其体系不是封闭的,是互动的、开放的。其开放性的关键判断要素在于是否广泛吸收民意。如何才能广泛吸收民意,这取决于有没有最大程度上吸收利益相关人员的参与。

在体育立法过程中,让每一个利益相关人员都能够拥有参与权、知情权和意见表达权。每一个利益相关人员都能够独立发表自己的真实意见并且不受无端地制约和惩戒。作为体育法律语言的典型样态,体育立法所要解决的核心问题是体育相关利益的预先分配与固定,而涉及其中的每一个利益相关人之间平等协商才是促成法律正义的核心要素。与基本法律相似,其他的行政法规、社团章程、规范性文件都存在类似的问题。

与之相应,体育司法语言作为体育语言的第二种法律表达样态亦需要建立在多方利益均衡的模式执行,才能促使体育语言法律效果的最终实现。体育纠纷的解决途径多样,有调解、有仲裁,还有司法。体育违纪违法的处理结果亦有多样,有体育行政处罚,有体育纪律处罚,还有体育刑事处罚。其中体育刑事处罚判决书是典型的体育司法语言。不过涉及体育刑事处罚的范例并不多见。与之相较,体育纪律处罚更为常见和典型,其亦是以广义上的体育法律为依据做出的,所以在广义上,体育纪律处罚文书也是体育语言的一种法律表达样态。以此我们更倾向于考察体育纪律处罚这一形式。在体育处罚的裁决过程中,倘若因为没有吸收民众参与的程序而忽视民意,那么体育处罚结果的社会满意度则会大打折扣。为此,要确立商谈理念和设置商谈空间。每个人都有表达的意愿,因而需要为体育纪律处罚裁决设置一个交互性商谈的平台。②

二是体育语言法律表达的倾斜模式。倾斜保护本来是社会法的基本原则之一,现在已经成为现代法律普遍遵循或者注意的一项基本原则,其根源于法律的人道性和人文情怀。这一原则包含两个基本原理,一是保

---

① [德]阿图尔·考夫曼、温弗里德·哈斯默尔:《当代法哲学和法律理论导论》,郑永流译,法律出版社 2002 年版,第 19 页。

② 张训:《体育纪律处罚规则制定与适用中的民意考量》,《成都体育学院学报》2018 年第 1 期,第 52—56 页。

护理念,二是保护立法。保护理念是从社会整体发展和社会正义角度出发,基于人类整体任何一个人都不掉队的基本出发点,对于拥有资源配置权的一方予以法律制裁等方式加以干预,以实现保护弱势群体维护实现社会实质正义的目标。如此实质正义需要借助于立法之形式程序来确立和调整。或者说,为了规避法律的形式正义对弱势群体的慢待和忽视,可以再通过修正法律形式正义以最大程度实现对弱势群体关怀的实质上的平等。

由此,倾斜保护原则在存有弱势群体相对人的法律关系中体现得尤为明显,或者说,倾斜保护原则正是基于保护弱势一方的宗旨而设定的。"对弱势群体的倾斜保护是含有实体意义的倾斜,即在特定情况下,明确承认不平等的存在,进而通过一定的途径在一定程度上对弱者进行补偿,修复失衡的社会关系,对实质意义上的不平等予以适度矫正。"[①]例如在劳动合同关系中,劳动者与用人单位之间的地位实质上是不平等的,虽然劳动合同是自愿平等、协商一致的结果,但是用人单位在劳动关系中所处的地位始终是组织者、管理者,通常通过自己的意志来控制劳动关系,而劳动者在劳动关系中则处于被管理和被组织的弱势地位,这种不平等的地位常常需要法律的倾斜保护予以平衡。[②]

一般意义上法律表达的倾斜模式多指倾斜于弱势这一特殊群体,而对于体育语言而言,还有另外一层意义,即给予体育领域特殊的项目或者群体足够的关怀。为了体育事业的协调和平衡发展,对一些弱势项目、特殊项目或者弱势群体、特殊群体予以倾斜,必须要通过法律途径予以固化和解答。这些体育特殊项目包括一些冷门项目或者亟待发展的项目,弱势群体包括青少年或者残疾人等。体育领域这种"杀富济贫"的倾斜保护到处可见。譬如 NBA 的特殊选秀制度,就是为了避免强者恒强、弱者恒弱的局面,平衡各队的实力。谁又能说,此规则对于强队而言,乃形式上的不公正呢?

---

① 曲伶俐:《弱势群体刑法保护研究》,中国民主法制出版社 2013 年版,第 124 页。
② 石峰等:《劳动合同法专题研究》,上海大学出版社 2016 年版,第 209 页。

三、体育语言法律表达的社会功能

体育语言的法律表达对于体育事业乃至整个社会的发展发挥着重要的作用。体育语言法律表达的均衡模式和倾斜模式亦分别代表着不同的指引和规制功能,向社会输入和传递不同的价值导向和心理能量。总体而言,体育语言的法律表达会在国家法治建设、法律理念传达、法律知识普及、法律意识塑造、法律文明传承中发挥重要的作用。

总体而言,体育语言的法律表达对于体育法治建设而言至关重要。在法治现代化语境中,体育事业的发展也离不开法律的护航,体育法治建设离不开每一个体育行当和每一位参与到体育中的人。若要体育法治理念深入人心,不仅仅要有完善的体育相关法律体系,还要有在体育语言或者话语体系中不断地运用法律表达方式来践行它。体育语言法律表达所体现的制衡与倾斜原则能够向体育人展现法治精神和法治理念,从而有利于体育法治化建设的深入开展。

具体而言,体育语言法律表达的社会功能或者社会功效在于以下几个方面:

一是,其能够稳定体育秩序。每一个行业的有序发展都需要有一项稳定可行的制度支撑,除了需要整体社会的规范之外还要有一套适宜于自身系统的行业规范,而这些规范体系中,最为关键的就是法律。对于体育语言系统而言,不仅仅体现为有完整的相关法律规范性文件,还体现为一种法律表达倾向和习惯。目前我国没有体育语言的专门法律,但是法律体系中就语言系统立法存在以下几个层级,有宪法之国家根本大法作为语言立法的最高位阶,其他还有基本法律、行政规范以及体育社团等规范性文件。加之,上文所言的体育语言法律表达的行为模式的养成。这就意味着,有了这种法律规范和法律表达习惯,人们会认识并体味到体育领域中的公平与正义以及法律的保驾护航之功效。也就是说,在拥有法律保障的体育环境中,人与人之间是相互平等,互不侵犯,互不干扰的,并且人们能够民主协商,充分发表意见,获得足够的尊重,从而主观性得到充分地调动。体育秩序的稳定,法治理念的普及,所产生的法律功效和社会效果就是,各种体育资源和其他社会资源能够有机衔接并得以充分运用,人的主观积极性被无限调动,从而发挥最大的创造力,以利于体育事业的进一步发展。

二是,其能够定纷止争。这个功能其实是稳定体育秩序功能的延伸。人与人之间总会存在各种各样的冲突,社会中总会有各种冲突。法律虽然不是解决纠纷的最佳手段,却是定纷止争的终极手段。所谓"法者,所以兴功惧暴也;律者,所以定分止争也;令者,所以令人知事也。(《管子·七臣七主》)。体育领域法律体系的健全及体育语言法律表达习惯有利于预防纷争,更有利于纷争之后的解决与救济。体育领域中的有关法律规范的设置为人们预先设定了统一的明确的指引规范,人们在法律规范的指引之下能够做出正确的选择,并且能够依据法律规定评价一个人的行为之对与错。这其实也是法律规范的指引与评价功能的体现。更为重要的是,纠纷产生之后,势必会对已有的体育秩序和行为关系造成伤害乃至破坏,为了修复被破坏的社会关系和体育秩序,有时需要借助于法律的救济手段。这是因为,一方面法律最为权威驻守在调整和修复社会关系的最后一道防线上,为其他手段助威;另一方面作为纠纷解决的最后手段,法律规范体系中本身就包含有如何解决纠纷以及如何恢复原有秩序和关系的救济方法和策略。

三是,其能够在一定程度上起到警戒和激励作用。"法律是一把高悬的利剑。"[1]"言行而不轨于法令者,必禁。"(《韩非子·问辨》)这里要说的是,法律是威严的,法律又是严肃的。基于此,体育法律规范制定与践行以及体育法律表达习惯的养成对于已然的体育秩序违反者自是一种惩戒和否定评价,对于潜在的秩序破坏者而言,也是一种巨大的惩戒和震慑。相反的方向上,体育法律规范及其法律功能却带有另外一个指向意义,即,对于遵守和积极维护法律规范的人们以必要的褒奖。譬如对于弱势群体的倾斜保护并非仅仅是要实现法律的制衡功能,还想得到的理想效

---

[1] 鄙爱红:《干部廉洁自律必读》,东方出版社 2017 年版,第 152 页。

果是人们对法律的感怀,也就是诱导和激励人们积极向善,遵从和热爱法律。

当然,"法律既不是无用的,也不是万能的,对于法律功能的认识既不能忽视和缩小,也不能夸大,要正确认识。这就需要认清法律功能的限度,避免滑向法律无用论和法律万能论两个极端。"①故此,人们在探讨体育语言法律表达之社会功能时,要从法律的功能是有限性角度出发,关注体育语言法律(表达)功能的局限性。一般而言,法律的局限性主要体现为法律不是调整和修复社会关系的唯一手段,更不是最佳手段,往往是最后的手段;法律调整关系范围也是有限的;法律本身也因为各种各样的原因而存在一些问题。法律功能的局限性主要表现在法律社会功能的局限性、法律自身本性的局限性和立法者的局限性三方面。② 与之相应,体育语言法律规范和法律表达发挥的社会功能也是有限的。

具体表现在:(1)法律并非包括体育语言系统在内的体育领域唯一甚至是最关键的规范体系,它只是其中的一种重要的却是最后的调整手段。法律资源稀缺性决定法律规范体系的建立和实施需要遵循经济性原则,而法律的谦抑性又决定法律不能轻易出手,需要在穷尽其他手段之后才动用。所以,这就决定法律不是解决体育领域的所有问题,它的调整的范围有限性决定其社会功能的有限性。譬如针对违法体育伦理和体育道德的体育有伤风化语言并非都要借助于法律的手段,有些需要借助道德手段并且限制在伦理范围内予以解决。(2)体育语言表达方式多样,法律并非其唯一的表达方式。对于体育语言系统完善和体育秩序建设而言,法律手段不具有唯一性,更不具有最佳性。法律之外,还有政治、政策、文化、道德、纪律、团体章程等等。体育语言的政治表达、文化表达、伦理表达、经济表达等方式同样具有重要的社会功能。它们和法律一起共同组成体育语言秩序维护体系,并且承担法律所不能承担的功能,发挥法律所不能发挥的价值。(3)作用上存在局限性。"法律是国家意志的产物,它

---

① 闫国智、孙春增、都玉霞:《法理学》,山东大学出版社 2003 年版,第 110 页。
② 张曼莉:《法律社会学》,中央广播电视大学出版社 2012 年版,第 57 页。

只能反映、确认客观存在的事物与关系，它只是已然存在或必然存在的事物与关系的表达者，而不是创造者。它也不可能创立或从根本上改变由客观规律所决定的事物与关系。"①体育语言的法律表达是在固守既有法律条文或者法律体系的情形下，对客观情况的一种事后反应。对于体育活动开展只起到一种体系保障之用，而非创造性之功，甚至在一定程度上，固守法律性是对体育的一种遏制乃至摧残。以此而言，对于体育语言和体育活动，法律或者法律表达之作用是有限的。

第三节　体育语言的文化表达及其社会功能

作为文化系统中的体育文化，在与其他文化的互动过程中，对社会产生极大的影响，这就是体育文化的功能问题。② 体育发挥文化功能离不开体育语言系统。一方面，体育语言系统本身就是一种文化系统，同时特定体育领域中的体育语言系统代表着特定的体育文化。另一方面，体育语言的文化表达亦在散播着体育文化。

今天的职业联赛，不仅拥有整体的特色鲜明的体育文化，即便没有身处其中的运动队伍亦有自己的不同领域、不同场合的文化。以篮球文化而言，职业篮球文化，街球篮球文化，两种风格截然不同。职业篮球文化里，不同职业联赛的文化又有所不同，既有来自国家民族种族文化的影响，也有来自球员个人气质的影响。其中比较引人关注的是球队的更衣室文化。在 NBA，每一个球队背后都隐藏着性格显著的更衣室文化。更衣室是充满球队传奇与传奇人物故事的地方。它不仅仅是球员的时装秀展览 T 台，也不仅仅是球队大佬的演说讲台，更不是体育记者们捕风捉影的地方，而是显示一个队伍文化底蕴的地方。一个历史悠久底蕴深厚的球队，一定有着很强的球队凝聚力和代代传承的更衣室文化。

---

① 郭道晖：《法理学精义》，湖南人民出版社 2005 年版，第 275 页。
② 薛有才：《体育文化学》，航空工业出版社 2013 年版，第 168 页。

一个人、一支队伍、一项职业运动,尚且拥有自身的文化,况乎拥有几千年历史的人类体育活动。毫无疑问,体育是一种文明,也是一种文化。体育拥有悠久的文明史和文化史。不同的体育领域有不同的文化特质。每一项体育运动背后又有更为具体和琐细的文化氛围和特征。

当然,文化并非文明。尤其对于竞技体育,暴力文化、流氓文化虽然成为其不可分割的部分,甚至有时候成为维系某项运动情怀的因素,但是,它绝不是体育文明的一部分。譬如美国职业篮球联赛里的垃圾话文化。顶尖的篮球运动员往往也是顶尖的垃圾话大王。会不会说垃圾话及其水平如何在一定程度上可能决定某个运动员的竞技状态如何,甚至关乎球队一场比赛的输赢。这给人们带来的启示是,体育文明可以通过不同的体育文化语言表述出来,而不同的体育文化语言能够反应体育文明的程度,至而产生不同的社会效果。

一、体育语言文化表达的类型

人类社会发展到今天,人们不再拘泥于传统文化的表达方式,多元文化尤其是亚文化会呈现出更多的表达和表现形式。互联网的出现令青年亚文化的表达类型不再拘泥于某一种固定方式,而是由单一向全面转向,杂糅文字、图片、影像、声音等多媒体手段,充分自如、游刃有余地建构起属于自己的文化类型。①

传统文化和现代文化、主流文化和亚文化的交锋与碰撞落位在体育领域里,会催生出体育语言不同的文化表达类型和方式。笔者此处想重点说一说的是体育语言的主流文化表达方式和亚文化表达方式。

我们认为,体育语言主流文化表达中一方面要涵括中国传统文化的精华,另一方面要体现符合社会主义核心价值的当代中国主流文化。中国传统文化博大精深,对于当代中国人的影响体现在方方面面,体育领域

---

① 马中红、陈霖:《无法忽视的另一种力量:新媒介与青年亚文化研究》,清华大学出版社 2015 年版,第 136 页。

自然不能例外。"中国传统体育文化深受传统文化的影响,于修身养性过程是社会成员心理反应上的积累与积淀,也是在一定的朝代内由学习和社会传递获得的关于一切体育活动的意识、信仰、价值观及行为方式等的复合体。"①传统体育文化中尽管包含有一些与现代社会主旨不相符合甚至格格不入的元素,但是能够经历时间长河洗涤至今流传下来的一定有其深厚的文化底蕴。如果仍然存活于现在又为传统文明所排斥,它也会沦落为一种亚文化状态。

当代中国的主流文化,毫无疑问,是以马克思主义为思想导向的,面向现代化、面向世界、面向未来的发展中的文化。② 中国现代体育的发展虽然要不断地面向世界面向未来,但是无论怎样其立足之本一定是国家和民族,立足于当下,任何脱离现实语境和国家发展主旨的体育语言表达都会失去方向感和生命力。也就是说,符合中国当代语境的充满正能量是当下体育语言主流文化表达的标签。

不过任何主流文化之下,都会潜藏或者伴生非主流文化、亚文化以及草根文化等。体育语言文化表达在主流文化模式之下,伴生着亚文化、草根文化等非主流文化模式。

亚文化又称小文化、集团文化或副文化,是指某一文化群体所属次级群体的成员共有的独特信念、价值观和生活习惯,与主主化相对应的那些非主流、局部的文化现象。③ 而且亚文化群体是多种多样的,很难界定。④ 在亚文化之下又滋生一些小的层级的文化,譬如青年亚文化。青年亚文化又衍生不同的层级,如伤文化等⑤。作为一种特殊的语言系统,体育语言本身就蕴含着不少亚文化因素,因此其呈现出一定程度的亚文化表达

① 李相如:《体育社会学简明教程》,北京体育大学出版社 2016 年版,第 179 页。
② 李宗桂:《当代中国文化探讨》,花城出版社 2012 年版,第 98 页。
③ 张子晨:《员工心理驱动力》,中国财富出版社 2015 年版,第 110 页。
④ [英]凯瑟琳·麦克德莫特:《设计:核心概念》,王露译,清华大学出版社 2014 年版,第 211 页。
⑤ "丧文化"是指流行于青年群体当中的带有颓废、绝望、悲观等情绪和色彩的语言、文字或图画,它是青年亚文化的一种新形式。参见,百度百科: https://baike. so. com/doc/25713604-26802306. html. 体育领域尤其以身体为基础开展的竞技体育领域里,年轻人居多。这样的群体容易受到社会上青年亚文化的影响,以致体育语言文化表达形式出现"伤文化"的苗头。

模式也就不足为怪了。其中比较典型的体育语言亚文化表达的产品就是体育语言暴力或者叫体育暴力语言。

正如有人认为,体育起源于战争与军事[①],而暴力是战争的必备元素。人类在追求美的历程中,曾经钟情于一种狞厉的美。如李泽厚所言,中国古代青铜器上各式各样的饕餮纹样旨在营造一种无限深渊的原始力量,突出在这种神秘威吓面前的畏惧、残酷和凶狠。[②] 它根植在体育领域并且一直延续至今,成为催生体育暴力的精神根源,为了享受暴力美学。[③]

暴力或许是人类语言的一种天性,但是对于他人以及社会而言,暴力语言或者语言暴力终究是一种伤害。正如有人所言:"语言暴力编织真相,过度联想、过度象征是另一种形式的谎言。"[④]暴力文化、体育语言亚文化表达方式有很多种。垃圾文化、狭隘的民族主义、个人英雄主义是其中较为典型的。只是它们并非形单影只,有时会串联起来对体育文化形成集中的冲击力。上文中所言的体育个人英雄主义情结很大程度上成为点燃赛场暴力的导火索。暴力文化往往包含有垃圾文化,或者说暴力文化本身就是垃圾文化中的一种,也可以说暴力文化有时就是借助于垃圾文化显露出来。体育领域中的狭隘的民族主义往往也通过暴力的形式展现出来。

体育语言必须成为弘扬体育精神和传播体育主流文化的载体,体育语言的文化表达方式亦需要呈现主流文化之态势,至少需要和主流文化的核心以及发展趋势相吻合。但是体育毕竟是一个开放性的领域,拥有不同类型的体育活动类型,拥有不同层次的参与者,不可能摒弃一切其他声音。所以一定程度上,允许体育领域的草根文化和亚文化样态的存在是一种包容。对于体育语言文化表达模式中所携带的一些草根文化等非主流文化元素,人们需要进行筛选,给一些无伤大雅甚至能够丰富体育语

---

① 吴光远、黄亚玲:《体育人文社会学概论》,北京体育大学出版社 2011 年版,第 39 页。
② 李泽厚:《美的历程》,天津社会科学院出版社 2001 年版,第 52—53 页。
③ 吴光远、黄亚玲:《体育人文社会学概论》,北京体育大学出版社 2011 年版,第 44 页。
④ 张先冰:《怀抱与广场》,中国文联出版社 2015 年版,第 145 页。

言系统、促进体育事业发展的非主流体育语言表达预留一定的空间。在更多的情形下，我们可以借助于体育领域的主流文化扶持和影响它们，只是在必要时候才需要借助于法律、道德等规范手段予以纠正。

二、体育语言文化表达的社会功能

语言是社会的交际工具，与社会有着密切的关系，是一种重要的社会现象。语言对于社会的维持与发展来说是至关重要的。[①] 文化的社会功能是指文化对整个社会所起的整合和导向作用。[②] 在体育领域，体育语言文化表达既是一种体育文化的标识，又起到传播、传承体育文化的作用。具体而言，其发挥的社会功能主要体现在以下几个方面：

一是，特殊的体育语言文化表达成为某一体育社会的标识。不同领域的体育语言文化表达展示不同领域的体育文明。大到一个国家民族，小至某一位具体运动员。不同国家有不同国家的体育，不同民族有不同民族喜爱和擅长的项目。所以当世人一提到某一项或某种类运动，就自然而然想到一个国家或民族。譬如人们提到摔跤，就会想到蒙古族。当然这里对体育社会是从最广泛意义上理解的。一个人、一个民族、一个国家、一个运动项目、一类体育领域都可以成为一种体育社会。

反过来，某一体育文化体系又滋养和塑造了其中的每一个人。生活在这个体育圈子里的人们从开始感受至接受圈子里的体育文化。直至每一个人都喜欢并热衷于营造和散播这种体育文化氛围，用同一种大家都能熟悉的文化语言交流。体育文化的圈子越来越紧密，其间的体育语言交流越来越畅行无阻，直至这种体育圈子成为一种特别的体育文化圈，成为有别于其他的体育社会标识。

二是，交往、传承功能。人类社会离不开交往，生活在荒岛上的单个人不可能成为社会，离开交际人类社会也会成为荒岛。人们之间交往所

---

① 张树铮、郭昭军、赵红梅：《语言学概论》，武汉大学出版社 2012 年版，第 41 页。
② 张晓丽、赵杨、杨林：《社会学》，航空工业出版社 2015 年版，第 52 页。

借助的工具多种多样,其中语言是最为重要的。在体育领域,特别是在身体运动领域,肢体语言或者信号、哨声等非人类语言很常见,所以才有人说体育领域中的语言是不需要翻译的,是全世界通用语言。不过体育语言的文化表达最依赖的仍然是人类语言。体育语言之文化表达在于其能够促成不同文化背景的人们之间进行体育文化上的交流,也就是能够促成人们跨文化交流。

在一定程度上,语言的传承功能是对其交流功能的限制乃至否定,因为传承的基因带有持久和顽固性。传承有时意味着封闭,而交往则意味着开放。正如在拥有特定体育文化氛围的小圈子里,外人很难进入,即便进入也很难融入,在极端的情况下,体育文化传承的虽然保证了某种文化的积淀和延续,但也在另外一个层面因为其顽固性而抑制了其吸收外部文化营养的能力。不过好在今天的体育语言正在随着体育领域的开放而开放,其一方面继续依靠传承发掘体育文化的历史底蕴,另一方面,通过不断地交往和交际打开体育文化的胸襟。

三是,体育语言文化表达具有促进人类社会发展功能。体育具有许多社会功能,重点关注的是体育与人的发展,体育与国家、社会的发展等方面的功能,也就是体育文化的发展功能。[①] 社会的发展最终依赖于人的发展,没有人的持久的创造力,社会将会停滞不前。因而体育语言文化通过促进人的发展以最终促进社会的发展。体育语言文化表达承担起连接传统与现代的功能,发挥着调解人类与自然、人类与社会的作用。

具体而言,良好的文化氛围和语言表达方式能够促进集体以及其中的每一个成员的发展。对于参与到体育中的每一个体而言,健康的体育文化以及表达可以促进参与者的智力、身体以及心理的良性发展。无论是社会体育、学校体育还是竞技体育,其开展的最终目的都是促进人们的身心健康。扭曲的、异化的体育文化观不仅仅有损体育的根基,而且会伤及参与其中的人。譬如异化的身体观和唯成绩论会对运动员的身心制造巨大的摧残。对于参与社会体育的普通人而言,适宜、适度的体育锻炼不

---

① 薛有才:《体育文化学》,航空工业出版社 2013 年版,第 172 页。

仅给人以健康的体魄,更会带给人以精神上的愉悦,锻炼人们面对挫折迎难而上的精神品质。

　　鉴于此,我们要注重培养健康的体育文化观,养成健康的体育语言文化表达方式。要明白,体育并非简单的运动或者竞技,它从古至今,积淀了深厚的文化根基。即便是带有暴力性质的体育运动也显露出人类追求一种狞厉之美的文化历程。例如以武术为主要形式的中国传统体育深受儒家文化侵染。中国武术向来主张"尚德不尚力",众多的拳谱家法开章明义皆是阐明武德,强调"武以观德"。[①] 而且武术还在特定时代彰显出其爱国主义情操和民族责任大义。现代奥利匹克精神又何尝不强调公平竞争、和平友谊的体育文化主旨。为此我们需要摒弃功利主义思想,杜绝体育文化的媚俗心态,努力营造一种健康向上的体育文化氛围,积聚体育正气,特别培养中国体育文化自信,让中国体育拥有健康的机体、正义的力量、阳光的形象、奋斗的身姿、民族的情怀,如此才能正本清源,让体育回到本真意义上。[②]

---

① 张新、夏思永:《管窥中国传统体育伦理思想》,《北京体育大学学报》2004 年第 1 期,第 28—30 页。
② 张训:《体育职务犯罪实证分析——主要以国际足联腐败案为考察对象》,《体育与科学》2015 年第 5 期,第 47—56 页。

参考文献

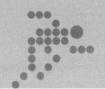

一、中文著作：（按作者姓氏拼音排序）

1. 陈静：《语言魅力与文学欣赏》，光明日报出版社 2016 年版。
2. 陈章太：《语言规划概论》，商务印书馆 2015 年版。
3. 陈章太：《语言规划研究》，商务印书馆 2005 年版。
4. 程光炜、吴圣刚：《墨白研究》，河南大学出版社 2015 年版。
5. 程燎原、王人博：《权利与其救济（第 2 版）》，山东人民出版社 1998 年版。
6. 程林林：《当代中国体育利益格局演化研究》，学习出版社 2011 年版。
7. 储槐植：《刑事一体化论要》，北京大学出版社 2007 年版。
8. 崔乐泉：《中国古代体育文物图录》，中华书局 2000 年版。
9. 戴炜华：《新编英汉语言学词典》，上海外语教育出版社 2007 年版。
10. 丁玲辉：《西藏传统养生体育文化》，西藏人民出版社 2001 年版。
11. 董小龙，郭春玲：《体育法学》，法律出版社 2013 年版。
12. 窦桂梅：《跟窦桂梅学朗读》，广西师范大学出版社 2015 年版。
13. 范进学：《法理学问题》，上海三联书店 2013 年版。
14. 范勇：《洞察力：为人处世的中国智慧》，天地出版社 2013 年版。
15. 方光焘：《方光焘语言学论文集》，商务印书馆 1997 年版。
16. 费孝通：《美国与美国人》，北京三联书店 1984 年版。
17. 冯尔康：《中国社会史概论》，高等教育出版社 2004 年版。
18. 冯刚：《新形势下意识形态相关问题研究》，光明日报出版社 2014 年版。
19. 冯志伟：《现代术语学引论（增订本）》，商务印书馆 2011 年版。
20. 付晓静：《1990 年代以来媒介体育传播中的民族主义话语建构》，华中科技大学出版社 2014 年版。
21. 高丽佳、田平、戴卫平：《语言多维度研究》，世界图书出版广东有限公司 2017 年版。
22. 高全喜：《自我意识论——〈精神现象学〉主体思想研究》，学林出版社 1990 年版。
23. 高佑梅：《语言符号"非任意性"研究——认知语言学框架下的多模态语言分析》，

南开大学出版社 2014 年版。

24. 耿波：《徐复观心性与艺术思想研究》，中国传媒大学出版社 2007 年版。

25. 龚穗丰、徐从权：《商业调查报告语言》，汉语大词典出版社 2006 年版。

26. 龚正伟：《当代中国体育伦理建构研究》，北京体育大学出版社 2009 年版。

27. 谷世权：《中国体育史》，北京体育大学出版社 2003 年版。

28. 桂诗春：《心理语言学》，上海外语教育出版社 1985 年版。

29. 郭道晖：《法理学精义》，湖南人民出版社 2005 年版。

30. 郭树理：《体育纠纷的多元化救济机制探讨—比较法与国际法的视野》，法律出版社 2004 年版。

31. 郭玉川：《竞技体育刑法规制问题研究》，法律出版社 2013 年版。

32. 国家体委：《中国体育史参考资料》，人民体育出版社 1956 年版。

33. 国家体育总局政策法规司：《体育产业：现状趋势与对策》，人民体育出版社 2001 年版。

34. 韩勇：《体育法的理论与实践》，北京体育大学出版社 2009 年版。

35. 郝更生：《中国体育概论》，商务印书馆 1926 年版。

36. 郝勤：《体育新闻学》，高等教育出版社 2004 年版。

37. 何九盈：《全球化时代的汉语意识》，语文出版社 2015 年版。

38. 何自然：《社会用语的语用心理分析》，暨南大学出版社 2013 年版。

39. 贺荣：《尊重司法规律与刑事法律适用研究》（上），《全国法院第 27 届学术讨论会获奖论文集》，人民法院出版社 2016 年版。

40. 黄伯荣、廖序东：《现代汉语（增订五版）（上册）》，高等教育出版社 2011 年版。

41. 黄平文：《论文化接触对语言的影响：壮语演变的阐释》，民族出版社 2010 年版

42. 黄签名：《体育价值论》，人民体育出版社 2012 年版。

43. 黄益苏、史绍蓉：《中国传统体育》，中南工业大学出版社 2000 年版。

44. 黄振定：《翻译学：艺术论与科学论的统一》，上海外语教育出版社 2008 年版。

45. 黄震云、张燕：《立法语言学研究》，长春出版社 2013 年版。

46. 贾怀勤：《人文学术论丛》，对外经济贸易大学出版社 2000 年版。

47. 姜枫、姜忠喆：《语言项目活动组织策划》，吉林出版集团有限责任公司 2012 年版。

48. 姜毓锋：《基于多模态话语理论的外语教学模式构建》，北京理工大学出版社 2015 年版。

49. 蒋秀玲：《网络流行语的生产与扩散机制研究》，中山大学出版社 2016 年版。

50. 赖良涛：《教育语言学——一个社会符号的模式》，外语教学与研究出版社 2015 年版。

51. 李葆嘉：《汉语起源与演化模式研究》，黑龙江教育出版社 2002 年版。

52. 李光远：《社会主义与个人自由》，红旗出版社 2013 年版。

53. 李建设：《体育经纪：理论研究与实践探讨》，北京体育大学出版社 2005 年版。

54. 李无未：《汉语史研究理论范畴纲要》，吉林人民出版社 2012 年版。

55. 李相如：《体育社会学简明教程》，北京体育大学出版社 2016 年版。

56. 李元授、白丁：《口才训练》（第 3 版），华中科技大学出版社 2016 年版。

57. 李泽厚：《美的历程》，天津社会科学院出版社 2001 年版。

58. 李重申等：《丝绸之路体育文化论集》，中华书局 2005 年版。

59. 李祝：《辽阳民俗》，辽宁民族出版社 2015 年版。

60. 李宗桂：《当代中国文化探讨》，花城出版社 2012 年版。

61. 林思同：《唐代马球探微》，甘肃人民出版社 1982 年版。

62. 林勇虎：《体育的社会学探索》，万卷出版公司 2005 年版。

63. 凌云：《现代汉语词汇研究》，湖北人民出版社 2011 年版。

64. 刘德佩：《体育社会学》，人民体育出版社 1990 年版。

65. 刘桂海：《体育政治化研究》，上海社会科学院出版社 2015 年版。

66. 刘红缨：《语言法导论》，中国法制出版社 2006 年版。

67. 刘欣然：《生命行为的存在：体育哲学、历史与文化的线索》，北京体育大学出版社 2014 年版。

68. 刘以林：《体育演义》，华语教学出版社 1984 年版。

69. 刘宇红：《隐喻的多视角研究》，世界图书出版公司 2011 年版。

70. 刘兆兴：《比较法在中国（2008 年卷）》，社会科学文献出版社 2008 年版。

71. 卢兵：《中华民族传统体育文化导论》，民族出版社 2005 年版。

72. 卢英顺：《语言学讲义》，复旦大学出版社 2015 年版。

73. 鲁枢元：《创作心理研究》，河南文艺出版社 2015 年版。

74. 路云亭：《竞技？中国》，中华工商联合出版社 1997 年版。

75. 罗选民：《英汉文化对比与跨文化交际》，辽宁人民出版社 2000 年版。

76. 马中红、陈霖：《无法忽视的另一种力量：新媒介与青年亚文化研究》，清华大学出版社 2015 年版。

77. 孟华：《汉字主导的文化符号谱系》，山东教育出版社 2014 年版。

78. 南宫雨：《18 岁后要历练，你必须懂点说话技巧》，立信会计出版社 2015 年版。

79. 倪泽仁：《暴力犯罪刑法适用指导》，中国检察出版社 2006 年版。

80. 倪正茂：《逻辑与写作》，广东人民出版社 1980 年版。

81. 宁翠叶：《体育英语口语》，复旦大学出版 2015 年版。

82. 潘明霞：《词汇　认知　文化——汉英"身物互喻"词汇对比研究》，电子科技大学出版社 2014 年版。

83. 潘庆云：《法律语言学》，中国政法大学出版社 2017 年版。

84. 秦冠英：《诉讼监督程序立法研究》，知识产权出版社 2015 年版。

85. 曲伶俐：《弱势群体刑法保护研究》，中国民主法制出版社 2013 年版。

86. 任福兵：《网络社会危机传播原理》，华东理工大学出版社 2017 年版。

87. 鄩爱红：《干部廉洁自律必读》，东方出版社 2017 年版。

88. 施耐庵：《水浒传》，人民文学出版社 1985 年版。

89. 石峰等：《劳动合同法专题研究》，上海大学出版社 2016 年版。

90. 宋北平：《法律语言》，中国政法大学出版社 2012 年版。

91. 宋法仁：《汉语语病研究：语病的评析与修改》，甘肃教育出版社 2007 年版。
92. 孙景琛：《中国舞蹈史》，文化艺术出版社 1983 年版。
93. 孙汝建、陈丛耘：《趣谈：汉语修辞格的语用艺术》，中国财政经济出版社 2015 年版。
94. 谭建湘等：《体育经纪导论》，高等教育出版社 2004 年版。
95. 谭小勇：《学校体育伤害事故法律问题研究》，法律出版社 2015 年版。
96. 唐凯麟：《伦理学》，高等教育出版社 2001 年版。
97. 体育史编写组：《体育史》，高等教育出版社 1987 年版。
98. 童之侠：《当代应用语言学》，中国传媒大学出版社 2016 年版。
99. 涂绍生、向鸣坤：《土家族民间体育》，中央民族大学出版社 2000 年版。
100. 汪洋：《语文修辞》，上海交通大学出版社 2013 年版。
101. 王宾：《语言的双重异化之诊断——论纲》，叶舒宪主编：《文学与治疗》，社会科学文献出版社 1999 年版。
102. 王丹：《电视节目主持人语言研究》，暨南出版社 2015 年版。
103. 王建华：《信息时代报刊语言跟踪研究》，浙江大学出版社 2006 年版。
104. 王晋军：《中国和东盟国家外语政策对比研究》，云南大学出版社 2015 年版。
105. 王铭玉、于鑫：《功能语言学》，上海外语教育出版社 2007 年版。
106. 王世凯：《新编现代汉语教程》（上册），上海交通大学出版社 2016 年版。
107. 王希杰：《修辞学通论》，南京大学出版社 1996 年版。
108. 王耀海：《制度演进中的法治生成》，中国法制出版社 2013 年版。
109. 韦晓康：《壮族民族传统体育文化研究》，中央民族大学出版社 2004 年版。
110. 文君：《公共外交与人文交流案例（第 1 辑）》，世界知识出版社 2013 年版。
111. 翁云凯：《时尚英语主题阅读》（报刊文摘篇），中国石化出版社 2007 年版。
112. 邬全俊、孙立权：《现代文批注阅读及试题探究 60 篇（巩固强化卷）》，吉林出版集团有限责任公司 2013 年版。
113. 吴光远、黄亚玲：《体育人文社会学概论》，北京体育大学出版社 2011 年版。
114. 吴宏、阎成席：《英语实用案例写作语料库》，金盾出版社 2013 年版。
115. 吴义勤、房伟、胡健玲：《中国新时期小说研究资料》（上册），山东文艺出版社 2006 年版。
116. 吴志强：《体育活动过程的审美阐释》，北京体育大学出版社 2007 年版。
117. 夏勇：《人权概念的起源》，中国政法大学出版社 1992 年版。
118. 肖沛雄：《新闻与传播理论观照下的时代脉搏》，暨南大学出版社 2013 年版。
119. 肖永平、黄世席：《欧洲体育法研究》，武汉大学出版社 2010 年版。
120. 肖治野：《汉语虚词的行域、知域、言域考察》，浙江大学出版社 2016 年版。
121. 新疆维吾尔自治区民族语言文字工作委员会：《民族语言文字工作文件资料选编（一）》，1988 年版。
122. 邢欣：《都市语言研究新视角》，北京广播学院出版社 2013 年版。
123. 熊晓正、钟秉枢：《新中国体育 60 年》，北京体育大学出版社 2010 年版。

124. 徐爱丽等：《体育经纪人实务》，复旦大学出版社 2004 年版。

125. 徐树华：《论广播电视有声语言的诗性功能》，中国电影出版社 2012 年版。

126. 徐玉良：《中国少数民族体育史》，中央民族大学出版社 2005 年版。

127. 薛有才：《体育文化学》，航空工业出版社 2013 年版。

128. 闫方洁：《西方新马克思主义的消费社会理论研究》，上海人民出版社 2012 年版。

129. 闫国智、孙春增、都玉霞：《法理学》，山东大学出版社 2003 年版。

130. 严存生：《法律的人性基础》，中国法制出版社 2016 年版。

131. 颜绍泸：《竞技体育史》，人民体育出版社 2006 年版。

132. 颜绍泸：《体育运动史》，人民体育出版社 1990 年版。

133. 杨桦、刘青：《转变政府职能大力发展体育社会组织》，北京体育大学出版社 2015 年版。

134. 杨建峰：《幽默口才与社交礼仪》，南海出版公司 2014 年版。

135. 杨向东：《中国古代体育文化史》，人民体育出版社 2004 年版。

136. 杨雪芹：《语法隐喻理论及意义进化观研究》，南京大学出版社 2013 年版。

137. 杨彦玲：《信不信由你：你可能不知道的 1000 个历史细节（唐代卷）（上册）》，时代文艺出版社 2010 年版。

138. 杨则宜：《药物与竞技体育》，人民体育出版社 1998 年版。

139. 杨自俭：《字本位理论与应用研究》，山东教育出版社 2008 年版。

140. 姚喜双、武传涛、刘子琦：《新媒体时代广播电视语言研究》，语文出版社 2013 年版。

141. 姚重军：《少数民族体育传统文化研究》，民族出版社 2004 年版。

142. 叶蜚声、徐通锵：《语言学纲要（修订版）》，北京大学出版社 2010 年第 4 版。

143. 尹均生：《中国写作学大辞典》（第一卷），中国检察出版社 1998 年版。

144. 于根元：《应用语言学的历史及理论》，商务印书馆 2009 年版。

145. 于根元：《应用语言学理论纲要》，华语教学出版社 1999 年版。

146. 于照洲：《汉字知识与汉字教学》，北京语言大学出版社 2017 年版。

147. 余柏、袁霞辉：《实用演讲范例全书》，哈尔滨出版社 2011 年版。

148. 袁晖：《比喻》，安徽人民出版社 1982 年版。

149. 曾于久、刘星亮：《民族传统体育概论》，人民体育出版社 2000 年版。

150. 张斌：《新编现代汉语》，复旦大学出版社 2002 年版。

151. 张公瑾、丁石庆：《文化语言学教程》，北京教育科学出版社 2004 年版。

152. 张宏梁：《辞格新识》，南京大学出版社 2015 年版。

153. 张曼莉：《法律社会学》，中央广播电视大学出版社 2012 年版。

154. 张沈立：《辽宁社会科学文库》（论文第 3 卷），辽宁人民出版社 2002 年版。

155. 张树铮、郭昭军、赵红梅：《语言学概论》，武汉大学出版社 2012 年版。

156. 张爽：《犯罪学理论与实务》，人民日报出版社 2015 年版。

157. 张颂：《朗读美学》，北京广播学院出版社 2002 年版。

158. 张先冰：《怀抱与广场》，中国文联出版社 2015 年版。

159. 张晓丽、赵杨、杨林：《社会学》，航空工业出版社 2015 年版。

160. 张训：《刑法科学化进程中的新探索》，中国社会科学出版社 2017 年版。

161. 张颖炜：《网络语言研究》，暨南大学出版社 2015 年版。

162. 张允：《外语教与学的理念和方法》，南开大学出版社 2015 年版。

163. 张志国：《颠覆你认知的通俗人文经济学》，中国发展出版社 2014 年版。

164. 张中：《丰富的语言》，广州出版社 1997 年版。

165. 张子晨：《员工心理驱动力》，中国财富出版社 2015 年版。

166. 赵定烽、赵理超：《汉字文化学教程》，厦门大学出版社 2014 年版。

167. 赵世举：《语言与国家》，商务印书馆 2015 年版。

168. 赵霞：《基于意义进化理论的语言构建性研究》，苏州大学出版社 2015 年版。

169. 赵彦春：《认知语言学：批判与应用》，南开大学出版社 2014 年版。

170. 赵毅：《罗马体育法要论》，法律出版社 2017 年版。

171. 郑芳：《基于要素分析的职业体育治理结构研究》，浙江大学出版社 2010 年版。

172. 郑立华：《交际与面子博弈：互动社会语言学》，上海外语教育出版社 2012 年版。

173. 郑述谱：《试论术语的定义》，载于刘青主编《国术语学研究与探索》，商务印书馆 2010 年版。

174. 中国传媒大学党报党刊研究中心等：《人民共和国党报论坛》（2013 年卷），中国传媒大学出版社 2014 年版。

175. 中国社会科学院语言研究所词典编辑室：《现代汉语词典（第 6 版）》，商务印书馆 2013 年版。

176. 钟秉枢：《职业体育——理论与实证》，北京体育大学出版社 2006 年版。

177. 周毕吉：《小句中枢视点下的现代汉语感叹句研究》，世界图书广东出版公司 2015 年版。

178. 周及徐：《语言历史论丛》（第 1 辑），巴蜀书社 2007 年版。

179. 周永辉：《一眼看穿人心：破解身体语言密码》，中国经济出版社 2011 年版。

180. 朱崇科：《华语比较文学：问题意识及批评实践》，生活·读书·新知三联书店，2012 年版。

181. 朱大可：《流氓的盛宴：当代中国的流氓叙事》，新星出版社 2006 年版。

182. 朱立元：《艺术美学辞典》，上海辞书出版社 2012 年版。

183. 祝畹瑾：《新编社会语言学概论》，北京大学出版社 2013 年版。

二、中文译著：

1. ［希腊］赛莫斯·古里奥尼斯：《原生态的奥林匹克运动》，沈健译，上海人民出版社 2008 年版。

2. ［法］约瑟夫·房德里耶斯：《语言》，岑麒祥、叶蜚声译，商务印书馆 1992 年版。

3. ［英］杰里米·芒迪：《翻译学导论：理论与应用》（第 3 版），李德凤等译，外语教学与研究出版社 2014 年版。

4. ［英］R. L. 特拉斯克：《语言》，于东兴译，南京大学出版社 2014 年版。

5. ［英］凯瑟琳·麦克德莫特：《设计：核心概念》，王露译，清华大学出版社 2014 年版。

6. ［苏联］柯杜霍夫：《普通语言学》，常宝儒等译，外语教学与研究出版社 1987 年版。

7. ［苏联］斯大林：《马克思主义与语言学问题》，人民出版社 1953 年版。

8. ［白俄］瓦西里·杰尼索维奇·斯达林切诺克：《现代标准俄语》（上册），王海燕译，吉林大学出版社 2017 年版。

9. ［美］威廉·M.雷诺兹，朱莉·A.韦伯：《课程理论新突破：课程研究航线的解构与重构》，张文军译，浙江教育出版社 2008 年版。

10. ［美］威廉·赖特：《基因的力量——人是天生的还是造就的》，郭本禹译，江苏人民出版社 2001 年版。

11. ［美］拉塞尔·雅各比：《杀戮欲：西方文化中的暴力根源》，姚建彬译，商务印书馆 2013 年版。

12. ［美］杰·科克利：《体育社会学：议题与争议》（第 6 版），刘精明等译，清华大学出版社 2003 年版。

13. ［美］苏·卡利·詹森：《批判的传播理论：权力、媒介、社会性别和科技》，曹晋等译，复旦大学出版社 2007 年版。

14. ［美］史旺生、特里托、泰勒：《警察行政管理：结构、过程与行为》（第 7 版），匡萃冶等译，中国人民公安大学出版社 2013 年版。

15. ［美］皮埃尔·德·顾拜旦：《奥林匹克宣言》，人民出版社 2008 年版。

16. ［美］A.麦金太尔：《追寻美德》，宋继杰译，译林出版社 2003 年版。

17. ［瑞士］索绪尔：《普通语言学教程》，高名凯译，商务印书馆 2005 年版。

18. ［德］H.G.伽达默尔：《诠释学 I：真理与方法（修订译本）》，洪汉鼎译，商务印书馆 2011 年版。

19. ［德］迈克尔·厄尔霍夫，蒂姆·马歇尔：《设计辞典：设计术语透视》，张敏敏，沈实现，王今琪译，华中科技大学出版社 2016 年版。

20. ［德］格罗斯菲尔德：《比较法的力量与弱点》，孙世彦、姚建宗译，中国政法大学出版社 2012 年版。

21. ［德］阿图尔·考夫曼，温弗里德·哈斯默尔：《当代法哲学和法律理论导论》，郑永流译，法律出版社 2002 年版。

22. ［澳］撒拉·埃德尔曼：《总有一天，你要和自己握手言和：运用认知行为疗法（CBT）改变我们的人生（上）》，张超斌译，北京理工大学出版社 2016 年版。

23. ［意］佩特丽莉：《符号疆界——从总体符号学到伦理符号学》，周劲松译，四川大学出版社 2014 年版。

24. ［意］马里奥·科尔特：《进球！进球！进球！足球征服世界》，陈晶晶译，山西人民出版社 2012 年版。

25. ［韩］尹治英：《动人心扉的对话法》，施健译，光明日报出版社 2015 年版。

三、期刊论文：(按作者姓氏拼音排序)

1. 丁海勇：《足球流氓暴力行为产生的原因》，《上海体育学院学报)2003 年第 2 期。
2. 董晓波：《中文足球新闻报道中战争隐喻的分布及其价值》，《西安外国语大学学报》2016 年第 2 期。
3. 杜璇：《体育术语泛化分析》，《湖北职业技术学院学报》2015 年第 3 期。
4. 高轩：《欠发达区域政府间自组织合作的必要性与策略探析——以沿淮城市群为例》，《齐齐哈尔大学学报（哲学社会科学版）》2018 年第 8 期。
5. 韩丹：《说"家族相似"、体育语言和体育概念》，《体育与科学》2007 年第 4 期。
6. 黄亮等：《自闭症个体肢体语言加工缺陷的特征及干预策略》，《中国特殊教育》2018 年第 6 期。
7. 贾文彤：《刚刚在路上——再论中国体育法学向何处去》，《体育与科学》2015 年第 5 期。
8. 贾文彤：《中外体育越轨行为研究与比较》，《沈阳体育学院学报》2014 年第 5 期。
9. 姜熙：《〈体育法〉修改增设"体育纠纷解决"章节的研究》，《天津体育学院学报》2015 年第 5 期。
10. 劳伦特·吉多、陈晨：《律动的身体，律动的电影：舞蹈作为早期电影文化中的吸引力元素》，《电影艺术》2011 年第 5 期。
11. 李辉：《系统功能语言学视角下的语篇衔接研究》，《辽宁工业大学学报（社会科学版）》2014 年第 6 期。
12. 李京育、吕明臣：《从语言到话语——论巴赫金对索绪尔语言观的批判与继承》，《学习与探索》2018 年第 9 期。
13. 李文等：《"黑哨"现象犯罪成因的主体分析》，《北京体育大学学报》2005 年第 10 期。
14. 李兴华：《试析欧盟内部语言纷争的经济因素》，《法国研究》2008 年第 4 期。
    梁思宇：《我国体育术语的标准化研究》，《运动》2016 年第 11 期。
15. 林雪灵、张业廷、陈芳：《美国体育俚语的特点及社会功能研究》，《体育科技文献通报》2017 年第 4 期。
16. 刘科成、彭爽：《基于语言生态学的汉语新兴词汇研究》，《外语学刊》2018 年第 6 期。
17. 刘湘溶、刘雪丰：《当前竞技体育伦理问题及其实质》，《伦理学研究》2006 年第 3 期。
18. 刘一梦：《医学术语语义泛化现象简析》，《修辞学习》2009 年第 6 期。
19. 刘玉霞：《探讨一种全新的语言学研究范式——分析社会语言学的七大特质》，《语文学刊（外语教育与教学）》2009 年第 9 期。
20. 陆高峰：《自媒体热衷悬疑式标题的背后》，《青年记者》2017 年第 9 期。
21. 吕文涛、姚双云：《词汇规制与立法语言的简明性》，《语言文字应用》2018 年第 4 期。
22. 石岩、范冬梅：《中国式球场观众流氓话语分析及应对策略》，《体育科学》2010 年第 8 期。

23. 史灿方：《广告语言失范现象的心理分析》，《语言文字应用》1995 年第 1 期。

24. 孙继龙、石岩：《赛场看台体育标语研究》，《中国体育科技》2010 年第 6 期。

25. 孙利红：《体育教师课堂语言失范的表现、成因及矫正》，《教育理论与实践》2012 年第 5 期。

26. 孙睿诒、陶双宾：《身体的征用——一项关于体育与现代性的研究》，《社会学研究》2012 年第 6 期。

27. 索召侠：《语言艺术在体育教学中的运用》，《试题与研究：教学论坛》2000 年第 21 期。

28. 王健、董传升：《人文主义视野中体育伦理的技术化转向及其困境》，《社会科学辑刊》2006 年第 6 期。

29. 王智杰：《体育新闻中双关语的认知理解机制研究》，《天中学刊》2012 年第 3 期。

30. 武小军：《行话、网语：语言的反域化及语域模糊》，《西南民族大学学报（人文社科版）》2005 年第 7 期。

31. 谢光辉：《国家体育语言问题新论——"非形式逻辑"的哲学阐释》，《湖南科技学院学报》2007 年第 9 期。

32. 辛志英、黄国文：《系统功能语言学研究方法论》，《外语研究》2010 年第 5 期。

33. 薛玉庄、吴晓红：《体育解说语中隐喻和转喻的研究》，《商丘职业技术学院学报》2015 年第 4 期。

34. 叶诗雨：《从汉语与英语的语言特性角度管窥跨文化交际中的中西思维差异》，《文教资料》2018 年第 5 期。

35. 曾宪夫：《新闻报道应杜绝情绪化语言》，《新闻传播》2014 年第 16 期。

36. 张德福：《关于外语经济学研究路径的探讨》，《哈尔滨商业大学学报（社会科学版）》2009 年第 5 期。

37. 张庭华等：《论体育语言与逻辑思维》，《海南师范大学学报（自然科学版）》2007 年第 2 期。

38. 张庭华等：《走出体育语言——从语言学界的共识看媒体体育语言现象》，《体育文化导刊》2007 年第 7 期。

39. 张庭华：《树立正确的国家体育语言规范观》，《北京体育大学学报》2009 年第 2 期。

40. 张晓龙、沈建华：《基因时代体育科技观的哲学思考》，《上海体育学院学报》2007 年第 2 期。

41. 张新、夏思永：《管窥中国传统体育伦理思想》，《北京体育大学学报》2004 年第 1 期。

42. 张训：《身体处置权行使的刑法边界》，《中国刑事法杂志》2017 年第 2 期。

43. 张训：《体育犯罪的伦理线索考察》，《中国矿业大学学报（社会科学版）》2015 年第 6 期。

44. 朱军、盛新华：《报纸标题的语言失范及解决方法》，《新闻界》2006 年第 4 期。

四、学位论文（按时间排序）

1. 陈玮：《体育语域语料库的研制及其赛事词汇研究》，南京师范大学硕士学位论文 2007 年度。
2. 陈汉生：《英国都铎王朝的语言与文化研究》，上海外国语大学 2010 年度。
3. 顾冠：《"情绪面孔"和"情绪肢体语言"文互认知的神经电生理研究》，上海交通大学硕士学位论文 2012 年度。
4. 王向豫：《当代中国语言政策分析——政治学的视角》，吉林大学博士学位论文 2014 年度。
5. 林泊宇：《体育解说员的特色与发展趋势研究》，西安体育学院硕士学位论文 2014 年度。
6. 王向豫：《当代中国语言政策分析——政治学的视角》，吉林大学博士学位论文 2014 年度。

五、英文文献：

1. Spolsky B. Sociolinguistics. Shanghai Foreign Language Education Press. 2000.
2. Cristal，David. The Cambridge Encyclopedia of language. Cambridge University Press，1987.
3. Jack Anderson. Modern Sports Law. Oxford：Hart Publishing，2010.
4. Hannan M. T. , Freeman John. The Population Ecology of organization. American Journal of Sociology，1997(82).
5. Koller，Dionne L. Putting Public Law into Private Sport，Pepper dine Law Review，Vol. 43，Issue 3(2016).

图书在版编目(CIP)数据

体育语言及其社会功能研究/邓传芳,张训著.—上海：
上海三联书店,2022.10
ISBN 978-7-5426-6717-5

Ⅰ.①体… Ⅱ.①邓…②张… Ⅲ.①体育-应用语言学-社
会功能-研究 Ⅳ.①G80-05

中国版本图书馆 CIP 数据核字(2019)第 128240 号

体育语言及其社会功能研究

著　者 / 邓传芳　张　训

责任编辑 / 殷亚平
装帧设计 / 一本好书
监　制 / 姚　军
责任校对 / 王凌霄

出版发行 / 上海三联书店
　　　　　(200030)中国上海市漕溪北路 331 号 A 座 6 楼
邮　箱 / sdxsanlian@sina.com
邮购电话 / 021-22895540
印　刷 / 上海惠敦印务科技有限公司

版　次 / 2022 年 10 月第 1 版
印　次 / 2022 年 10 月第 1 次印刷
开　本 / 640mm×960mm　1/16
字　数 / 250 千字
印　张 / 12
书　号 / ISBN 978-7-5426-6717-5/G·1535
定　价 / 48.00 元

敬启读者,如发现本书有印装质量问题,请与印刷厂联系 021-63779028